Askel edelle kiirettä ja kaaosta

Elina Alasentie

Askel edelle kiirettä ja kaaosta

Elina Alasentie

© 2013 Lulu Elina Alasentie

All rights reserved.

Kansi © 2013 Jonna Hoffrén
/ Graafinen suunnittelu GoMedia Oy

ISBN 978-952-93-3320-2

*Omistettu äidilleni ja isälleni,
joilta olen oppinut hyvin paljon ja jotka ovat
aina lopulta kannustaneet minua ja hyväksyneet kaikki
ei niin tavanomaisetkin ratkaisuni.*

Sisällys

OSIO I
MIKSI TÄMÄ KIRJA?   7

Kenelle tämä kirja sopii?   8
Mitä tästä kirjasta löytyy?   9
Miten tämä kirja toimii?   11

OSIO II
UUDET TOIMINTATAVAT AUTOMAATTISIKSI

Motivoidu uuden oppimiseen ja muutokseen   13
Omat vai muiden tavat?   16
21 päivää automatisoi tavan   18

OSIO III
PALJOUDEN JA KIIREEN TEORIAA

Menneisyys ja nykyhetki - niukkuus ja paljous   21
Kiire ja kiireen tuntu   24
Informaatiotulva   27
Kaaoksen ja kiireen vaikutukset   32
Raivauksen välttely   38
Erottamaton pari – kaaos ja kiire   44

OSIO IV
KAAOKSESTA JÄRJESTYKSEEN

Luopumisen vaikeus   47
Organisoinnin periaatteet   51
Raivausprosessi   55
Papereiden raivaus   61
Papereiden järjestäminen   64
Arkistointi   74
Tiedostot   77
Etätyö ja liikkuva työ   85

OSIO V
KIIREESTÄ TEHOKKUUTEEN

Tehokas vai tuottava työnteko?	89
Oman toiminnan ohjaaminen	90
Tehtävälistat	94
Kalenteri	106
Papereiden käsittely	112
Sähköposti	116
Keskeytykset	124
Kokoukset	131

OSIO VI
LOPUKSI

Jälkisanat	135
Kiitokset	136
Kirjailijasta	137
Kirjallisuutta	138

OSIO I
MIKSI TÄMÄ KIRJA?

Tuntuuko tutulta?

Toimistotyöntekijän työ keskeytyy noin kahdeksan minuutin välein. Tunti keskeytymätöntä työtä vastaa neljää tuntia keskeytysten rikkomaa työtä. Meiltä kuluu keskimäärin tunti päivässä tavaroiden, papereiden ja tiedostojen etsimiseen. Turhat ja liian pitkät kokoukset maksavat työnantajille tuhansia euroja päivässä. Kaaoksen valtaamalla alueella on todennäköisesti jopa 80 % käyttäjälleen tarpeetonta, roskaksi luokiteltavaa tai kierrätettäväksi kelpaavaa tavaraa ja paperia. Tässä muutama esimerkki ajatustyötä tekevän toimistotyöntekijän tavallisena työpäivänä kohtaamista haasteista.

Ajatustyö ja työkulttuuri

Olemme jääneet niukkojen aikojen tapojemme kanssa paljouden jalkoihin. Tavarapaljous, loppumaton paperivirta, informaatiotulva sekä digitaalisen tiedon käsittelyn ja tallentamisen helppous lisäävät vastuullamme olevan materiaalin määrää. Työtehtävien laajuus kasvaa ja tehtävälistat pitenevät. Eläkeikä loittonee loittonemistaan. Toimistotyöntekijöiden keskimääräinen stressitaso on viimeisen kymmenen vuoden aikana kasvanut huomattavasti ja työuupuneiden määrä on lisääntynyt.

Työkulttuuri kaipaa muutosta. Kokonaisen kulttuurin muutos on mahdollinen, mutta se ei ole helppo. Työkulttuurin muutos vaatii koko työyhteisön osallisuutta ja sitoutumista. Toivon, että muutos tapahtuu. Pelkkä toivo ei kuitenkaan riitä, vaan tarvitaan tekoja. Siksi olen kirjoittanut sinulle tämän kirjan.

Kenelle tämä kirja sopii?

Jos kaaos, kiire tai keskeytykset vierailevat toisinaan luonasi, mutta olisit mieluummin niitä ilman, tai ainakin sulkisit ne toisinaan työntekosi ulkopuolelle, olet tarttunut sopivaan opukseen. Kirja sopii sinulle, jos teet ajatustyötä, vietät toisinaan aikaa toimistossa tai jollakin työpisteellä ja haluaisit tuntea hallitsevasi oman työympäristösi ja työsi paremmin. Kirja sopii sinulle myös, jos sähköposti vie liikaa aikaasi, tiedostosi ovat solmussa tai liikkuva työ, tehtävälistat ja avokonttori tuntuvat taistelevan sinua vastaan.

Kirja sopii kiireiselle toimistoympäristössä työskentelevälle, paperipinojen alle hautautuneen työpöydän omistajalle tai omien työtapojensa parantamisesta kiinnostuneelle työntekijälle yhtä hyvin kuin kodin papereiden kanssa tuskailevalle tai paljoutta, luopumista ja informaatioyhteiskunnan vaikutuksia pohtivalle henkilölle.

Mitä tästä kirjasta löytyy?

Tämä kirja on kirjoitettu apuvälineeksi yksittäisen työntekijän kaaoksen ja kiireen eliminoimiseen. Kirja antaa konkreettisia ja käytännönläheisiä vinkkejä kaaoksen raivaamiseen ja kiireestä eroon pääsemiseen. Kirjan vinkkien avulla voit päästä tilanteeseen, jossa kaaos ja kiire eivät enää saa sinua kiinni ja olet pysyvästi askeleen niitä edellä.

Mikäli otat käyttöösi kirjassa esiteltyjä keinoja, löydät itsesi tilanteesta, että sinulla onkin yhtäkkiä ylimääräistä aikaa. Mieti huolella, mitä haluat tehdä säästyneellä ajalla. Kun tiedät, mitä haluat, älä epäröi tehdä sitä. Huonon omantunnon voit joka tapauksessa vaientaa hyvällä omallatunnolla.

Kirja keskittyy työelämän kaaokseen ja kiireeseen, mutta kaikki vinkit ovat sovellettavissa myös kotiympäristöön ja vapaa-aikaan.

Kirjassa on kaksi teoreettisempaa osaa, joista ensimmäinen pohtii oman toiminnan vaikutusta ja uusien toimintatapojen löytämistä sekä antaa vinkkejä uusien tapojen omaksumiseen (osio II). Toinen teoreettisempi osio käsittelee ympärillämme vallitsevan paljouden syitä ja seurauksia (osio III). Paljouden teoria auttaa sinua ymmärtämään omaa kaaostasi ja kiirettäsi ja näiden asioiden tiedostaminen voi auttaa sinua myös luopumisprosessissasi.

Kirjan kaksi toiminnallisempaa osaa käsittelevät kaaoksen muuttamista järjestykseksi eli raivausta ja järjestämistä (osio IV) sekä kiireen muuttamista tehokkaaksi toiminnaksi eli ajankäytön hallintaa ja oman toiminnan ohjausta (osio V). Toivon, että löydät erilaisten konkreettisten vinkkien joukosta jotakin sellaista, joka helpottaa jokapäiväistä elämääsi.

Raivaus ja oman toiminnan ohjaus

Kirjan osiossa IV puhutaan raivauksesta. Raivaus on siivoamista syvällisempää ja tehokkaampaa fyysisen tai digitaalisen materiaalin läpikäymistä. Raivauksen avainasiat ovat 1) turhasta luopuminen, 2) jäljelle jääneen tärkeän materiaalin tarkoituksenmukainen järjestäminen sekä 3) järjestyksen ylläpitämisestä huolehtiminen.

Osiossa V käsitellään oman toiminnan ohjausta ja sen merkitystä työtehokkuuteen. Oman toiminnan ohjaus tarkoittaa omien työtapojen ja työtehtävien valitsemista tiettyjen itse valittujen toimintaperiaatteiden ja tavoitteiden perusteella. Oman toiminnan ohjausta voidaan nimittää myös ajankäytön hallinnaksi.

Miten tämä kirja toimii?

Oman toiminnan vaikutus

Omaan toimintaan on helpompi vaikuttaa kuin kokonaiseen työyhteisöön. Sinä itse voit saada oman työympäristösi ja työpäiväsi takaisin hallintaasi muista riippumatta. Oman työn järjestämisen toimivammaksi voit aloittaa vaikka heti. Tämän kirjan tarkoitus on auttaa sinua löytämään omat keinosi tehdä omasta työympäristöstäsi ja työelämästäsi toimivampi ilman raskasta muuttumisprosessia.

Kirjan tarkoitus ei ole muuttaa sinua, vaan esitellä erilaisia ja uusia tapoja tehdä asioita. Meillä kaikilla on omat tapamme tehdä, ajatella ja oppia. Sinä itse olet se, joka tunnet itsesi parhaiten. Kokeile niitä keinoja, joiden omaksuminen tuntuu helpolta ja joiden kanssa sinun ei tarvitse toimia omaa itseäsi, rytmiäsi tai temperamenttiasi vastaan. Vanhat tavat saavat samalla siirtyä menneisyyteen.

Vinkkejä kirjan lukemiseen

Olen kerännyt tähän kirjaan erilaisia järjestämisen ja työn tekemisen tapoja asiantuntijoilta eri puolilta maailmaa ja lisännyt mukaan itse hyväksi havaitsemiani keinoja. Mikäli jokin esitelty keino on suoraan tai lähes suoraan jonkun muun asiantuntijan aiemmin esittelemä, löytyy tekstin yhteydestä maininta lisätiedon hankkimiseksi. Kirjan loppuun on kerätty lista teoksista, joista löydät lisätietoa, mikäli jokin toimintatapa tuntuu juuri omaltasi ja haluaisit tietää siitä lisää. Näistä teoksista saatat löytää jatko-osan oman toimintasi muuttamiseksi. Niistä voi myös löytyä työkaluja kokonaisen elämänmuutoksen avuksi, mikäli sellainen alkaa tuntua parhaalta vaihtoehdolta.

Tämä kirja ei yritä olla yltiöpositiivinen, vaan realistisen, välillä jopa pessimistinen. Kirjan tavoitteena on auttaa sinua löytämään neutraaleja tapoja hallita ja muuttaa työympäristöäsi ilman, että sinun täytyy itse muuttua joksikin, mitä et ole tai halua olla.

Kirjan kappaleet voit lukea missä järjestyksessä tahansa, ja jätä ihmeessä lukematta ne kohdat, jotka tuntuvat turhilta. Suosittelen kuitenkin tutustumaan toisen osan lukuihin omien tapojen löytämisestä ja uusien tapojen omaksumisesta. Jos innostuksesi raivaamiseen ja uusien työtapojen omaksumiseen on tällä hetkellä hyvin suuri, mikään ei estä sinua siirtymästä suoraan mainittuihin osioihin ja jättämään seuraavat teoreettisemmat osiot sellaiseen hetkeen, jolloin motivaatiosi ja raivaustehosi uhkaavat laskea.

Lukujen lopussa on tehtäviä. Osa niistä on ehdotuksia kokeilla helppoja ja yksinkertaisia uusia tapoja. Osa tehtävistä on ajatuksen herättäjiä eli omien työtapojen tai kaaoksen aiheuttajien pohtimista. Jos et keksi niihin vastauksia, älä masennu. Tärkeintä on, että saat kirjasta uusia ajatuksia ja edes yhden uuden toimintatavan, joka auttaa sinua oleman askeleen edellä kiirettä ja kaaosta.

OSIO II
UUDET TOIMINTATAVAT AUTOMAATTISIKSI

Motivoidu uuden oppimiseen ja muutokseen

Miten me opimme uusia tapoja? Kantapään kautta näyttäisi olevan suosituin metodi, eikä sekään aina auta. Koemme uusia asioita kantapään kautta, mutta emme silti opi niistä mitään. Lyömme kantapäämme ja varpaamme yhä uudestaan ja vielä samaan paikkaan ja silti jatkamme samalla vanhalla tavalla. Edes kipsi jalassa ei saa meitä muuttamaan toimintatapojamme.

Useimmilla meistä on kuitenkin jokin kohde, jossa muutoskykymme toimii. Joku meistä on muutosten ammattilainen kodin sisustuksessa. Verhot vaihtavat väriä ja tyynyt paikkaa, jotta mieli ja niska lepäisivät parhaiten. Jonkun toisen muutokset osuvat ruokavalioon, jonka muutosten myötä mieli ja vyötärö virkistyvät. Kolmannella muutosten ajattelutapa kohdentuu omaan tavarasuhteeseen, ostokäyttäytymiseen ja turhasta luopumiseen, ja yhtäkkiä kaapeissa onkin tilaa ja lompakossa täyttä.

Suurin osa meistä tarvitsee kuitenkin jokaiselle elämän osa-alueelle oman muutospotkunsa. Harvalla on sisäinen moottori kaikkien ärsyttävien, toimimattomien tai ajatuksia häiritsevien asioiden muuttamiseksi tai edes muutoksen pohtimiseksi. Olemme jumiutuvaa porukkaa. Eikä ihme, sillä toki meillä on muutakin tekemistä kuin muutella asioita ympärillämme.

Itse olen kantapään kautta kokenut mm. kuinka astioiden väärä sijainti kaapissa voi aiheuttaa fyysisiä vammoja. Vasta tietoinen ajattelu ja riittävä fyysisen kivun aiheuttama motivaatio toimivat muutosmoottoreina. Hakkasin myös vuosia päätäni seinään yrittäessäni saada tehtäviä tehdyksi jostakin oppimani tehtävälistamallin mukaisesti. Kun löysin itselleni sopivammalta kuulostavan tavan eräästä oivallisesta kirjallisuuden teoksesta ja päätin kokeilla sitä, alkoivat asiat tulla hoidetuksi kuin itsestään ja stressitaso laski kuin lehmän häntä.

On tärkeää tiedostaa omia ajatusmallejaan ja omaa sisäistä tarvettaan ympäristön tai toiminnan muutokselle. Kaaos ja usein kiirekin ovat henkilökohtaisia kokemuksia. Vain sinä itse tiedät, minkälainen ja - suuruinen kaaos vaikuttaa sinun elämääsi.

Usein emme itse ole kyvykkäitä näkemään itseämme hakkaamassa päätämme seinään. Ihmettelemme vain kipeää päätämme. Saatamme epäillä olevamme jollakin tavalla huonompia tai vähemmän taitavia kuin muut. Kunnes jonakin silmät avaavana päivänä joku tulee viereen seisomaan ja sanoo: "Katsopa, tuossa tiiliseinässä, juuri sen kohdan vieressä, johon hakkaat päätäsi, on juuri sinun kokoisesi mentävä aukko. Voit livahtaa siitä toiselle puolelle. Et tarvitse mukaasi muuta kuin hieman kokeilunhalua. Sinun tarvitsee vain ottaa ensimmäinen askel. Sen jälkeen kaikki tapahtuu itsekseen. "

Uskalla ja halua kokeilla. Jokin kokeiluista törmää varmasti seinään tai tuottaa vain pienen vaikutuksen, mutta jokin toinen pieni muutos voi parantaa radikaalisti elämän- ja työnlaatuasi. Kun ymmärrämme tai koemme käytännössä, että pienikin muutos voi saada aikaan suuria vaikutuksia, pääsemme helpommin uusien tapojen oppimisen polulle. Sinun tarvitsee vain löytää omat tapasi.

Tehtävä 1

Mikä on sinun kaaoksen sietokykysi esimerkiksi työpöytäsi suhteen?

A) Tyhjä pöytä.
B) Muutama järjestyksessä oleva tai nimetty pino muuten tyhjällä pöydällä.
C) Joitakin toimistotarvikkeita, pinoja ja muistilappuja, kunhan pöydästä jää riittävän kokoinen vapaa tila työskentelyä varten.
D) Kaaosta saa olla paljonkin, sillä en näe kaaosta, enkä ajattele sitä, vaikka se on olemassa.

Mieti, mitä sinun pitäisi tehdä tämän hetkiselle tilanteellesi, jotta kaaoksen sietokykysi ei ylittyisi.

Tehtävä 2

Mieti jokin oma toimimaton tapasi, johon olet urautunut ajattelematta sitä sen enempää? Tunnistat sen siitä, että tehtävän suorittaminen tuolla tavalla ärsyttää sinua usein. Mikä olisi pieni muutos, jolla saisit itsellesi uuden ja toimivamman tavan?

Omat vai muiden tavat?

Miten olet päätynyt noudattamaan jotakin tiettyä tapaa hoitaa asioita? Kenties olet itse keksinyt jonkin oivallisen tavan, joka on juuri sinulle sopiva, olethan sen itse luonut omiin tarpeisiisi. Todennäköisesti sinulla on kuitenkin myös laaja kokoelma joidenkin muiden kehittelemiä toimintatapoja. Osa niistä varmasti toimii ja osan toimimisella ei ole sinulle juurikaan väliä. Osa puolestaan on epäilemättä sellaisia, joiden kanssa kamppailet jatkuvasti. Kamppailusta syntyy huonoa omaatuntoa ja ajattelet kenties olevasi jotenkin muita huonompi. Todellisuudessa tilanne on vain se, että yrität toteuttaa tapaa, joka on sinulle, omalle persoonallesi ja omille taipumuksellesi täysin väärä.

Moni meistä yrittää esimerkiksi laatia tehtävälistaa itselleen siten, että yrittää priorisoida asioita. Kompastuskivenä saattaa olla, että asioiden priorisointi voi olla hyvin haastavaa tai joissain tilanteissa jopa mahdotonta. Asiat saattavat olla yhtä tärkeitä. Omat aivosi toimivat ehkä aivan toisella tavoin ja listaisivat asioita esimerkiksi asian vaatiman ajan mukaan tai sen mukaan, missä ja millä välineillä asian voit helpoiten hoitaa.

Me jumiudumme tapoihimme ja yritämme toteuttaa niitä, vaikka ne eivät toimisikaan. Me emme useinkaan tule edes ajatelleeksi, että voisi olla joitain muitakin tapoja. Otetaan esimerkiksi porkkanoiden pilkkominen. Lopputuloksen, eli ruuan maun kannalta, ei taatusti ole väliä, miten porkkanat on pilkottu. Makuun ei vaikuta, onko yksittäinen pala pyöreä halkaisijaltaan vai ovatko palat kuutioita tai kenties suikaleita. Suurempi merkitys voi olla sillä, yritätkö pilkkoa porkkanoita sellaisen tyylin mukaisesti, joka ei sinulta yksinkertaisesti luonnistu ja jossa onnistut kenties saamaan sormeesi haavan. Puhumattakaan ajasta, joka saattaa kulua hukkaan yrittäessäsi taiteilla porkkanoista pyöreitä, kun suikaleiden tekeminen sopisi motoriikallesi, mielellesi ja aivojesi rakenteelle paremmin.

Kokeile uusia tapoja

Ensimmäinen tärkeä työkalu uusien tapojen oppimisessa ja matkalla muutokseen on yksinkertainen *kokeile ja valitse*. Vain sinä itse voit kokeilemalla todeta, mikä tavoista sopii juuri sinulle.

Jos valitsemasi keino ei toimi tai tuntuu pahalta, älä yritä sopeuttaa ja muuttaa itseäsi, vaan etsi uusi konsti. Yleensä itselle sopivan tavan kokeileminen tuntuu hyvältä jo heti kokeilun alussa. Kun tavan kokeilu tuottaa positiivisia tuntemuksia, kuten iloa ja ahaa-elämyksiä, olet löytänyt oman tapasi. Tätä uutta tapaa on nyt jaksettava ja muistettava toteuttaa 21 päivää, jotta se muuttuu automaattiseksi. 21 päivän säännöstä enemmän seuraavassa luvussa.

Jos kokeilu tuntuu pahalta siksi, että et jaksaisi opetella uutta tapaa, ei kyseessä ole valitsemasi tavan sopimattomuus sinulle, vaan muutosprosessin aikaansaama energiavaje. Tätä kannattaa hieman uhmata, koska palkinto on todennäköisesti lähellä. Energiasi lisääntyy, kun huomaat uuden tavan positiiviset vaikutukset ja tapa muuttuu automaattiseksi.

Kun olet omaksunut useita uusia tapoja, huomaat keksiväsi automaattisesti itsellesi uusia sopivia keinoja parantaa ympäristöäsi ja työntekoasi. Luota silloin itseesi ja intuitioosi. Kokeile ja kehittele näitä tapoja itsellesi sopiviksi. Sinä olet paras asiantuntija omassa toiminnassasi.

Tehtävä 1

Kokeile viikon tai edes muutaman päivän ajan jotakin seuraavista tavoista. Tunnustele, sopisiko tapa sinulle ja auttaisiko se työssä jaksamisessa sekä kiireen tunnun vähenemisessä.

A) Älä avaa sähköpostia ensimmäisenä aamulla.
B) Mieti illalla kolme tärkeintä asiaa, jotka teet seuraavana päivänä.
C) Kävele aina portaat hissillä kulkemisen sijaan.
D) Laita kello soittamaan tunnin välein. Nouse työtuolistasi minuutiksi jaloittelemaan tai vaikkapa juomaan lasi vettä.

21 päivää automatisoi tavan

Tutkimukset osoittavat, että mikä tahansa uusi tapa vaatii 21 päivää jatkuvaa tavan toteuttamista saadakseen aivoissa ja hermoradoissa aikaan pysyviä muutoksia. Muutos ei siis synny hetkessä, vaan uusi tapa vaatii 21 päivää tavan harjoittamista tullakseen pysyväksi uudeksi tavaksi. Tästä tavasta tulee kuitenkin kolmen viikon jälkeen automaattinen tapa, joka tulee tehdyksi itsestään eikä vaadi ylimääräistä energiaa.

Kun kokeilet jotakin uutta tapaa, vaatii se luonnollisesti sinulta energiaa. Mitään et saa ilmaiseksi. Mitä vähemmän annat tietoisen mielesi taistella vastaan, sitä vähemmän energiaa sinulta kuluu. Kun olet sinnikäs tuon kolmen viikon ajan, saat kuitenkin omaa energiaasi säästävän lopputuloksen. Automaattiseksi muuttunutta tapaa vastaan ei tietoinen mieli nimittäin enää taistele.

Kun kokeilet jotakin tekniikkaa tai toimintatapaa, saatat joidenkin päivien kuluttua palata hetkeksi takaisin vanhoihin tottumuksiin. Jos näin tapahtuu, täytyy sinun aloittaa 21 päivää alusta, jotta pääset haluttuun lopputulokseen eli uuteen automaattiseen toimintatapaan. Työtä tekemättä et siis saa muutosta aikaiseksi, mutta kun löydät omanalaisesi tavan toimia, on todennäköistä, että kaikki sujuu kevyesti ja helposti.

Voit myös hieman huijata tietoista osaa aivoistasi sanomalla sille ennen uuden tavan opettelua, että aiot vain kokeilla tapaa 21 päivää, ja katsotaan sitten. 21 päivän päästä hermoratamuutokset ovat jo tapahtuneet, jolloin tietoinen mielikin sopeutuu tilanteeseen. Sinulla voi hyvin olla meneillään useampia uusien tapojen opetteluja samanaikaisesti. Huomaa kuitenkin, että vanhoista tavoista ei tarvitse erikseen oppia pois. Sinun tarvitsee ainoastaan uutta tapaa suorittamalla luoda uudet hermoratakytkennät.

Yksinkertaisina esimerkkeinä 21 päivän säännöstä voidaan mainita uuteen asuntoon muutto tai uuden kokoiseen sanomalehteen totuttelu. Tapaukset ovat hyviä esimerkkejä, sillä niistä ei yksinkertaisesti voi palata vanhoihin tapoihin. Kummassakin tapauksessa tietoinen mieli taistelee aluksi vanhoja mielikuvia vastaan, eikä uusi asunto tai uuden kokoinen sanomalehti tunnu hyvältä. Päivien kuluessa tilanne kuitenkin helpottaa. 21 päivän päästä uudet hermoratakytkennät ovat muodostuneet ja vahvistuneet niin paljon, että uusi tilanne koetaan normaalina. Tapahtunut muutos ei enää vaivaa mieltä, uusi tapa ja tottumus on korvannut vanhan. Vanha asunto tai sanomalehti voi toisinaan tulla mieleen, mutta nyt siitä onkin tullut pelkkä hyvä tai huono muisto. Aivan saman voit tehdä mille tahansa tavalle, jonka haluat muuttaa uudeksi, oli se sitten paperipinojen kerääminen pöydän reunoille, avainten tai tiedostojen hukkaaminen tai toimimattomien tehtävälistojen laatiminen. Jokaisen näistä tavoista voit muuttaa uudeksi toimivammaksi ja itsellesi hyvin sopivaksi uudeksi tavaksi.

Tehtävä 1

Muistele jotakin viime aikoina oppimaasi uuttaa tapaa.
Kauanko tämän muuttumisessa automaattiseksi kului aikaa?
Oletko esimerkiksi joskus kokeillut karkkilakkoa, tupakkalakkoa tai vastaavaa?
Kauanko kului aikaa, ennen kuin helpotti?
Jaksoitko yrittää kolme viikkoa?

OSIO III
PALJOUDEN JA KIIREEN TEORIAA

Menneisyys ja nykyhetki - niukkuus ja paljous

Elämme keskellä paljoutta. Tavaraa on paljon, tekemistä on paljon ja informaatiota, sitä vasta paljon onkin. Ei ole kuitenkaan montakaan kymmentä vuotta, kun kaikkea oli paljon vähemmän. Suurin osa meistä on elänyt aikaa, jolloin omistimme enintään puolet siitä mitä nyt omistamme. Suurin osa on elänyt aikaa, jolloin tieto haettiin kirjoista, sanomalehdistä, luennoilta tai muiden ihmisten puheista. Kun nykyinen paljous kohtaa niukemmassa maailmassa kehittyneen ihmismielen, syntyy väistämättä ristiriita. Täytyykö minun omistaa tuo tai tietää kaikki nuo asiat? Jäänkö jostain paitsi, jos en lue sosiaalisesta mediasta erilaisia päivityksiä internetin lukuisilla sivustoilla? Onkohan tietokoneeni ohjelmisto jo auttamattomasti vanhentunut?

Emme muista kysyä itseltämme, tarvitsenko minä todella tätä. Tekeekö tämä esine, tekeminen tai tieto minusta jotenkin paremman, arvokkaamman tai onnellisemman ihmisen? Kenties tämän esineen omistaminen tuokin minulle lisää ahdistusta tai tämän tiedon tai tilapäivityksen lukeminen vie vain minun kallista aikaani.

Kun nykyhetki kohtaa niukemman menneisyyden, on törmäys väistämätön. Minimalismi, niukkuudessa eläminen ja sosiaalisen median välttely ovat valtavirrasta poikkeavia toimintatapoja, vaikka vastaavanlaiset elämäntavat olivat arkipäivää vielä muutama kymmenen vuotta sitten. Mikäli pohdit asiaa, tiedät itse parhaiten, mikä tuntuu oikealta määrältä, oli sitten kyseessä omistamiesi kenkäparien määrä tai sosiaalisessa mediassa viettämäsi aika. Moni meistä ei vain ehdi tai viitsi pysähtyä ajattelemaan paljoutta. Suurin osa tuntee kuitenkin pienen ahdistuksen siemenen, jos ajatus paljoudesta sattuu vierailemaan muiden ajatusten joukossa.

Miksi me sitten keräilemme kaikkea ympärillemme? Olemme oikeastaan tahtomattamme ajautuneet tähän tilanteeseen. Geenimme suosivat keräilykulttuuria. Esi-isämme olivat luolissaan onnellisempia ja kokivat sitä suurempaa turvallisuuden tunnetta, mitä enemmän heillä oli materiaalia ympärillään. Mitä vahvemmat keräilygeenit heillä oli, sitä todennäköisemmin he pärjäsivät ja saivat jälkeläisiä. Nämä jälkeläiset pärjäsivät jälleen paremmin ja saivat lisää vahvoja keräilygeenejä omaavia jälkeläisiä. Me olemme heidän jälkeläisiään ja kannamme heidän geeniperimäänsä mukanamme.

Myös sosiaalinen muistimme ja oma muistimme vaalivat paljoutta. Sota-ajat ja pula-ajat ovat jättäneet jälkensä meihin suomalaisiin. Säilytämme paljon varmuuden vuoksi ja kaiken varalta.

Hiukan lähempänä nykyisyyttä elivät ne esi-isämme, jotka edelleen hallitsivat säästämisen ja varastoimisen, mutta janosivat lisäksi uutta tietoa. Tällä geeniyhdistelmällä tässä kulutusyhteiskunnassa ei ole ihme, että me hukumme paljouteen.

Vaikka tiedostaisimme paljouden ympärillämme, emme pääse siitä helposti eroon. Luopuminen on päätösten tekemistä ja päätösten tekeminen on raskasta. Me emme yksinkertaisesti jaksa käydä läpi paperipinoja ja tavaroita, koska alitajuisesti tiedämme kohtaavamme vaikeuksia oman päättämättömyytemme kanssa. Mehän olemme tähänkin asti säilyttäneet asioita, koska emme ole niitä käsitellessämme osanneet tehdä päätöstä siitä, mihin ne kuuluisivat.

Mikä on riittävästi?

Kuinka usein olet pohtinut tavaran, tiedon tai tekemisen kohdalla riittävyyden käsitettä? Kuinka monta takkia on riittävästi? Kuinka monta kynää on riittävästi? Paljonko gigatavuja muistissa on riittävästi? Kuinka monta bittiä musiikkia kovalevyllä on riittävästi? Kuinka perusteellisesti tarvitsee paneutua raportin kirjoittamiseen? Mikä on riittävän pitkä sähköpostiviesti?

Mitä luulet, ehditkö lukea kaiken omistamasi? Tai ehditkö omaksumaan kaiken tiedon, josta haaveilet? Ehditkö käyttää kaikkia housuparejasi, kenkiäsi tai kyniäsi? Montako kertaa täytyy hioa tekstiä, jotta se on riittävän hyvä? Jos tavoittelemme täydellisyyttä, hukkaamme todennäköisesti aikaamme.

Jos ajattelemme elämäämme riittävyyden kautta, voimme elää laadukkaammin. Nykyisyys on valloittanut meidät ennen kuin olemme päässeet menneisyydestä eroon, ja näiden kahden törmätessä tärkeintä olisi opetella riittävyyden käsite. Selvitä itsellesi omat rajasi riittävän hyvän laadun ja määrän suhteen ja yritä pysytellä omalla riittävyysalueellasi.

Tehtävä 1

Koetko kantavasi geeniperimässäsi keräilygeenejä?
Tai oletko saanut kasvatuksen, jossa mitään ei ole soveliasta heittää pois, ei ainakaan käyttökelpoista?

Kiire ja kiireen tuntu

Paljous aiheuttaa myös kiirettä. Mitä enemmän sinulla on huolehdittavaa ja hoidettavia asioita, sitä kiireisempää on työnteko ja koko elämä. Kiire on kuitenkin siitä erikoinen seuralainen, että me saatamme kuvitella olevamme kiireisiä, vaikka todellisuudessa emme teekään juuri mitään. Saatamme puuhastella kaikkea epäolennaista, teemme asioita väärässä järjestyksessä, joudumme tekemään samoja asioita uudelleen ja jostain syystä emme millään saa tehdyksi sitä kaikkein tärkeintä asiaa. Mistä tämä näennäinen kiire johtuu?

Osa meistä kaipaa kiireen tuntua. Saatamme kokea olevamme tärkeämpiä ja tehokkaampia, jos jatkuva kiire kulkee mukanamme. Usein kiire on toki todellinen tilanne. Meillä voi olla monta asiaa samanaikaisesti hoidettavana ja meille tulee jatkuvasti uusia asioita hoidettavaksi.

Olennaista kiireellisyyden määrittelemisessä on kuitenkin se, kuinka paljon tekemisen määrään nähden olisi oletettavaa, että syntyy valmiita tuloksia. Jos esimerkiksi toimistotyötä tekevällä päivä kuluu koko ajan jotakin tehden ja kiireen tunnusta kärsiessä, mutta mitään valmista ei tunnu syntyvän, on todennäköistä, että kiire voitaisiin saada vähenemään pienilläkin muutoksilla.

Vähennettävissä tai jopa poistettavissa oleva kiire johtuu neljästä tekemisen tai tekemättömyyden lajista, joista löydät todennäköisesti oman kiireesi syitä:

1) Lykkäämisestä
2) Puuhastelusta
3) Keskeytyksistä
4) Tekemisen hakemisesta

1) Lykkääminen

Ihmisistä neljäsosa tunnustautuu kroonisiksi lykkääjiksi. Me teemme asioita vasta määräajan lähestyessä, toisinaan vasta sen jälkeen.

Miksi? Suurin syy lykkäämiseen on epämiellyttävien, liian hankalilta, suurilta tai vaativilta tuntuvien ja tylsien tehtävien välttely. Kiireemme johtuu usein siitä, että teemme ensin mieluummin helpot ja pienet asiat. Valitettavasti näillä pienillä asioilla on harvoin yhtä suurta merkitystä kuin mitä lykkäämiemme suurten ja hankalien asioiden tekemisellä olisi.

Lykkäämme myös, koska emme usko saavamme palkintoa tekemisestä tai emme koe riittävää tehokkuuden tunnetta. Joskus unohtaminen, ajan puute tai aikarajan puuttuminen saavat meidät lykkäämään helpostikin suoritettavia tehtäviä.

Lykkäämistä harjoittaa ainakin toisinaan jokainen. Joskus on toki aiheellista lykätä asioiden hoitamista, jotta ei tee turhaa työtä. Jos asia on kuitenkin hoidettava, niin yleensä järkevintä ja tehokkainta on hoitaa se heti. Valitettavasti useimmiten lykkäämme niitä asioita, jotka olisi kaikkein tärkeintä tehdä ja joilla olisi suurin vaikutus työssämme.

2) Puuhastelu

Puuhastelua meistä harrastaa toisinaan jokainen. Teemme sellaisia tehtäviä, joita ei välttämättä tarvitsisi tehdä ollenkaan. Ainakaan niitä ei tarvitsisi tehdä niin perusteellisesti, hitaasti tai juuri sillä hetkellä. Usein teemme asioita sellaisessa järjestyksessä, että joudumme tekemään saman asian moneen kertaan. Puuhastelu johtuu monesti siitä, että emme oikeastaan tiedä, mitä meidän kannattaisi jossakin tilanteessa tehdä. Meiltä puuttuu suunnitelma. Toisinaan puuhastelemme, koska lykkäämme jotakin tärkeämpää tehtävää.

3) Keskeytykset

Keskeytykset ovat suurin kiirettä aiheuttava eli työntekoa haittaava tekijä tämän päivän työpaikoilla. Meidän työmme keskeytyy jopa kolmen minuutin välein ja meiltä voi kulua lähes puoli tuntia tehokasta työskentelyaikaa päästä takaisin tekemämme tehtävän pariin. Etenkin flow-tilaiseen työn tekemiseen takaisin pääseminen on vaikeaa. Keskeytysten pilkkoma työ on hyvin tehotonta.

Tutkimusten mukaan tunnin keskeytyksistä vapaa työ vastaa neljän tunnin keskeytysten pilkkomaa työtä.

Mikä meitä sitten keskeyttää? Kollegat etenkin avokonttoreissa keskeyttävät meitä välillä, samoin palaverin alkaminen saattaa katkaista hyvän työ-flown. Olemme itse kuitenkin vastuussa suurimmasta osasta keskeytyksiä. Annamme sähköpostiohjelman keskeyttää itsemme. Omat ajatuksemme keskeyttävät meitä. Puhelin keskeyttää meidät. Usean asian tekeminen yhtaikaa keskeyttää jatkuvasti jokaisen näistä tehtävistä, eikä mikään niistä etene tehokkaasti.

4) Tekemisen hakeminen

Kiirettä aiheutuu myös tehottomuudestamme tehdä oikeita asioita oikeaan aikaan. Saatamme kuluttaa paljonkin aikaa sen miettimiseen, mitä tekisimme edessämme olevana hetkenä. Suunnitelman puuttuessa päädymme helposti kuluttamaan aikaamme tekemisen hakemiseen, mikä ei siis ole suinkaan suunnittelua vaan suunnittelun puuttumisesta johtuvaa tehottomuutta.

Työpäivän tyhjät hetket ovat niitä hetkiä, joita ei ole varattu joitakin tietyssä paikassa tiettynä aikana tapahtuvia asioita varten. Näinä tyhjinä hetkinä kohtaamme todennäköisesti kiireen ja tehottomuuden tuntua sekä oikeaa kiirettä ja päädymme todennäköisemmin puuhastelemaan, jos joudumme kysymään itseltämme kysymyksen: "Mitä nyt tekisin?"

Tehtävä 1

Mistä sinun kiireesi johtuu?

Informaatiotulva

Informaatiota on nyky-yhteiskunnassa saatavilla helposti ja rajattomasti, mutta meidän on vaikea päättää, mikä tieto on tarpeellista ja mikä turhaa. Sanomalehden, blogi-kirjoituksen tai facebook-päivitysten lukematta jättäminen saa usein aikaan tunteen, että olemme jääneet jostain paitsi. Informaatioista on tullut kulutustavaran kaltaisia tuotteita, joiden haalimista on opeteltava rajoittamaan samalla tavoin kuin esineidenkin hamstrausta.

Joillekin meistä suurinta kaaoksen tunnetta aiheuttaa informaatioyhteiskunnan luoma mielikuva siitä, että tietoa, sovelluksia ja kaikkea mahdollista olisi hyvä omistaa niin paljon kuin mahdollista. Kaaoksen tunne lisääntyy entisestään, jos uudet sovellukset, tietolähteet ja välineet tuntuvat monimutkaisilta ja vierailta.

Muutama vuosikymmen sitten koettiin älykkyyden merkiksi kirjojen omistaminen. Mitä suurempi oli kirjahylly, sitä älykkäämmäksi ajateltiin kirjahyllyn omistaja. Nyky-yhteiskunnassa tiedon saannin helppous on kuitenkin eri luokkaa ja yhä tärkeämmiksi ovat tulleet tiedon käsittelyn ja suodattamisen taidot.

Miten luopua liiallisesta tiedonhalusta?

Kiire ja kaaos helpottavat, kun annat itsellesi luvan olla tavoittelematta kaikkea tietoa. Tämä vaatii samalla tavalla opettelua kuin muidenkin uusien ajatusmallien tai tapojen opettelu. Voit alkaa kyseenalaistaa kaiken tiedon kohdalla tarpeesi kyseiseen tietoon. Voit kysyä itseltäsi kysymyksiä:

- *Tarvitsenko tuota tietoa?*
- *Pärjäisinkö yhtä hyvin ilman tätä tietoa?*
- *Tekeekö tiedon lukeminen tai omaksuminen minusta onnellisemman?*
- *Paraneeko toimintakykyni, jos omaksun kyseisen tiedon?*
- *Tulenko paremmaksi asiantuntijaksi, jos omaksun tämän tiedon, vai olenko jo jostain muualta lukenut tai kuullut lähes samat asiat?*

- *Voinko omaksua tiedon joskus myöhemmin, jos eteeni tulee oikea tarve tuolle tiedolle?*
- *Onko tiedon kanssa viettämäni aika minulle hyvää, mukavaa tai järkevää ajanvietettä?*

Pareton periaate 20 / 80

Tässä kohtaa voimme vilkaista Pareton periaatetta. Pareton periaatteen mukaisesti 20 % syistä aiheuttaa 80 % seurauksista. Kyse voi olla esimerkiksi työn tekemisestä. Kahdenkymmenen prosentin työpanoksella saavutamme 80 % tuloksesta. Loppu 80 % työpanoksesta on lähinnä yksityiskohtien hiomista, joka vaikuttaa enää 20 %:iin tuloksista. Asiayhteydestä ja työstä riippuen monessa tapauksessa tätä osaa työnteosta voidaan ajatella jopa tuottamattomaksi ja turhaksi työksi. Informaation kanssa pätevät samat lainalaisuudet. 20 % jostakin artikkelista luettuamme olemme omaksuneet sen sisällöstä 80 %.

Internet

Internet on tämän hetken suurimpia informaation lähteitä. Siksi meidän tulee olla valppaina internetissä seikkaillessamme. Internetissä on helppo ajautua ja harhautua sivupoluille, jotka eivät enää lisää tietomääräämme tai taitojamme. Internetissä sijaitsevan informaation oikeellisuus on myös edelleen kyseenalaisempaa useammin kuin painetun sanan kohdalla.

Mikäli tahdot olla tehokas tiedonhakija, joka ei tuhlaa turhaan aikaansa internetissä, täytyy sinun ohjata omaa toimintaasi sen sijaan, että antaisit internetin viedä sinua mukanaan. Jos muu maailma ja ajantajusi katoavat internetin parissa, voit ottaa avuksesi esimerkiksi hälyttävän kellon. Aseta kello soimaan tietyn ajan kuluttua, jotta voit palata takaisin tärkeämpien tehtäviesi pariin eksyttyäsi internetissä tiedonhakumatkallasi. Jos ajastat kellon soittamaan esimerkiksi viidentoista minuutin kuluttua etsiessäsi tietoa, jonka lukemiseen arvioit kuluvan aikaa alle kymmenen minuuttia, olet todennäköisimmin vartin kuluessa löytänyt ja lukenut 80 % tiedosta, jota aiheesta voit saada.

Otetaan esimerkki. Haluat selvittää jostakin kilpailevasta yrityksestä perustiedot. Todennäköisesti hakukoneen, kuten Googlen antamat ensimmäiset viisi linkkiä sisältävät jo vähintään 80 % tiedoista, joita tuossa tapauksessa tarvitset. Jo ensimmäisen tai toisen linkin takaa löytänet riittävät tiedot, olettaen että sivusto on luotettava. Seuraavilla sivuilla sama tieto toistuu, tai tieto, jota sieltä saat, ei ole enää relevanttia.

Internet yhdessä kulutusyhteiskunnan kanssa houkuttelee meitä helposti unohtamaan riittävyyden käsitteen. Meidän on vaikeaa ja vastentahtoista tyytyä ensimmäiseen tai yhteen ensimmäisestä kolmesta vaihtoehdosta, vaikka se olisi riittävän hyvä. Koska tiedostamme suuren tiedon määrän, haluamme useimmiten etsiä mahdollisimman paljon ja hyvää tietoa. Tuotteiden suhteen toimimme usein samoin. Tiedostamme niiden suuren tarjonnan, emmekä osaa tyytyä ensimmäiseen riittävän hyvään. Mitä tästä seuraa? Kulutamme aikaamme etsiessämme esimerkiksi tietoja tai vaikkapa kenkäparia kaupasta, koska vasta ties kuinka mones vaihtoehto luo meille tunteen, että parempaa ei enää ole luvassa seuraavan nurkan takana.

Jos opimme sanomaan itsellemme: *"Riittää jo"*, voimme tyytyväisinä käyttää etsimiseen 20 % ajastamme ja voimistamme ja saamme kuitenkin tuotteen tai tiedon, joka on lähes sataprosenttisesti hyvä.

Sosiaalinen media

Sosiaalinen media ja sen tuomat mahdollisuudet ovat kasvaneet huimaa vauhtia. Viiden vuoden päästä tilanne voi jälleen olla jotakin sellaista, jota emme osaa nyt kuvitellakaan. Sosiaalisesta mediasta on paljon hyötyä. Se sisältää kuitenkin suunnattoman määrän tietoa, jota ilmankin tulisimme toimeen. Sinun kannattaa selvittää itsellesi oma suhteesi sosiaaliseen mediaan, kuten Facebookiin, LinkedIniin, Twitteriin, Blogeihin ja Youtubeen. Oletko mukana näissä välineissä, jotta saisit uutta tietoa vai jotta et jäisi mistään paitsi? Haetko sosiaalisesta mediasta tiettyjä tietoja, kuten tietyn ystäväsi tai kollegan päivityksiä, vai seikkailetko siellä ilman tarkempaa päämäärää? Onko sosiaalisessa mediassa viettämäsi aika hyödyllistä työsi tai vapaa-aikasi kannalta? Mitä tapahtuisi, jos olisit viikon ilman sosiaalista mediaa?

Sosiaalista mediaa ja siellä käyttäytymistä kannattaa välillä verrata oikeaan live-elämän käyttäytymiseen ja tarpeisiin. Kuvittele olevasi tilaisuudessa, jossa tapaat useita kollegoja vuoden tauon jälkeen. Näiltä kollegoilta voit saada arvokkaita ja mielenkiintoisia tietoja ja heidän kanssaan on mukava vaihtaa myös kuulumiset. Tilaisuudessa on myös paljon henkilöitä, jotka tunnet, mutta joiden tiedät olevan hyvin kaukana omasta osaamisalueestasi tai omalta aallonpituudeltasi. Ajattelet, että kyseisessä kahden tunnin tilaisuudessa sinun ei kannata kuluttaa aikaasi heidän kanssaan keskusteluun. Todennäköisesti keskustelet ensimmäisen ryhmän kanssa ja ajautuessasi toisen ryhmän edustajan kanssa keskusteluun, palaat pian takaisin ensimmäisen ryhmän pariin, sillä et halua tuhlata aikaasi.

Ajatellaan tämän jälkeen sosiaalista mediaa samoin. Sinulla on kaksi tuntia aikaa vaellella sosiaalisessa mediassa ja etsiä päivityksiä. Harhailetko päämäärättömästi ja seuraat eteen tulevia linkkejä, vai etsitkö päivityksiä, tietoja ja kuulumisia niiltä, joilta oikeasti haluat näitä lukea tai kuulla. Sosiaalisessa mediassa meidän on paljon vaikeampi pysäyttää itsemme, kun ajaudumme turhien, meille lisäarvoa tuomattomien päivitysten pariin. Se on sikäli kummallista, sillä sosiaalisessa mediassa on paljon helpompi sulkea selain tai jättää jotain lukematta loukkaamatta kuitenkaan toista ihmistä.

Kulutamme sosiaalisessa mediassa aikaamme, koska se on helppoa. Selaimen sulkeminen on vaikeampaa. Toki toisinaan ajaudumme sattumalta yllättävän ja meille hyödyllisen tiedon äärelle, mutta tätä tapahtumaa on voinut edeltää useiden tuntien päämäärätön surffailu.

Jos seikkailet sosiaalisessa mediassa useita tunteja päivässä ja tiedostat, että aikaasi kuluu siellä turhaan, ota käyttöösi kello, joka keskeyttää sinut esimerkiksi kymmenen minuutin kuluttua. Toinen käyttökelpoinen vinkki selaimen tai sovelluksen sulkemista helpottamaan on nousta seisomaan ja peruuttaa käsivarren mitan päähän käyttämästäsi laitteesta ja sulkea selain tai sovellus. Fyysinen etäisyys helpottaa ajatustenkin siirtymistä pois mistä tahansa digitaalisesta laitteesta tai ohjelmasta.

Tehtävä 1

Kyseenalaista seuraavalla kerralla tiedonhalusi ja -tarpeesi. Tarvitsenko todella tätä tietoa?

Tehtävä 2

Laita seuraavalla kerralla internetistä tietoa etsimään lähtiessäsi kello hälyttämään kymmenen tai viidentoista minuutin päästä. Päätä, että siinä ajassa on ehdittävä. Kuinka kävi? Kuluiko aika nopeasti? Eksyitkö vai saitko työn tehtyä riittävän hyvin ja vähemmässä ajassa?

Kaaoksen ja kiireen vaikutukset

Mitä tapahtuu, kun silmien edessä on kaaos? Pieni osa ihmisistä pystyy olemaan huomioimatta ympärillään olevat näkyvät asiat. Useimmat meistä kuitenkin näkevät pinot, kasat ja ajelehtivat paperit sekä paikoiltaan eksyneet tavarat. Useimmat rekisteröivät ympäristöstään siistit puhtaat pinnat, erikoiset huonekalut tai ystävän uuden kampauksen. Jos kuulut niihin, jotka hahmottavat ympäristöään visuaalisesti edes osittain, olet saattanut huomata, että kaikki ulkopuolellasi oleva vaikuttaa myös sisäiseen olotilaasi ja ajatuksiisi.

Joillekin meistä kaaoksen kokemukseksi riittää tietoisuus kaapin ovien takana piilossa katseilta olevasta epäjärjestyksestä. Toiselle kaaos on selätetty, kun näkyvillä ei ole mitään. Joku kokee suurinta kaaosta silloin, kun työtehtävät eivät tunnu olevan omassa hallinnassa. Kaaos ja kiire ovat usein henkilökohtaisia kokemuksia. Toisen kaaos voi olla toisen järjestetty ympäristö. Toiselle aiheutuu kiireen tuntua samantapaisesta työtehtävän suorittamisesta, joka saa toisen tuntemaan työtahtinsa rauhalliseksi.

Kiireen tuntu on usein todellisempi tilanne kuin varsinainen kiire. Mitä paremmin tunnet hallitsevasi työsi, sitä todennäköisemmin on mielesi rauhallinen etkä kärsi kiireen tunnusta. Useimmiten paljous vaikuttaa jokaiseen hallinnan tunteen kautta. Mitä enemmän sinulla on huolehdittavaa, sitä vaikeampi on saavuttaa täydellistä hallinnan tunnetta.

Kuvittele, että eläisit hotellissa ja sinulla olisi yhdessä matkalaukussa koko omaisuutesi ja työhösi tarvitsemasi asiat. Sinulla olisi myös yksinkertainen ja varma systeemi, jonka avulla hallitsisit omaa toimintaasi. Tietäisit, että tehtävälistallasi on joka ikinen hoitamista vaativa asia hyvässä järjestyksessä, kalenterissasi on jokainen tärkeä tapaaminen ja digitaaliset materiaalisikin olisivat karsitut sekä järjestyksessä. Kokisit todennäköisesti suurta hallinnan tunnetta omasta elämästäsi ja työelämästäsi.

Aina paljous ei suinkaan ole omistamiemme esineiden ominaisuus, josta haluamme eroon. Esimerkiksi keräilijä keräilee, koska nauttii kokoelmistaan. Hallinnan tunne on tässäkin tapauksessa avainasemassa. Mitä paremmin kokoelma on keräilijän hallinnassa, sitä helpompaa kokoelmasta on nauttia.

Ajatukset ja mieli

Luovan alan ammattilaiset ja harrastajat ovat usein sitä mieltä, että eivät pystyisi työskentelemään ilman luovaa kaaosta. Tutkimustulokset osoittavat kuitenkin muuta. Vasta kun ulkopuolella on mahdollisimman avaraa ja tyhjää, vapautuu ajatuksiinkin tilaa, jolloin luovien ratkaisujen syntyminen on todennäköisempää. Ajatuksetkin tarvitsevat siis tilaa ympärilleen.

Kun raivaat ulkopuolisen ympäristösi, selkeytyy myös sisäpuoli eli mielesi ja ajatuksesi. Ulkopuolen raivaaminen myös keventää olotilaa. Otetaan esimerkiksi jokaiselle tuttu arkirutiini, roskien vieminen pois asunnosta. Keveneekö olosi ja jopa mielesi, kun olet saanut roskapussit käsistäsi? Useimmilla näin tapahtuu.

Poissa silmistä, poissa mielestä, on joku viisas pohtinut. Tämä toimii osalle, mutta toisille meistä ei riitä sekään, että ympäristössämme ulkopuoliset pinnat ovat kaaoksesta vapaat. Osalla kuormittavat ajatuksia myös kaikki suljettujen ovien takana vaanivat mapit, paperipinot tai varaston tavararöykkiöt. Olemme kaaoksen sietokyvyssämme ja kokemuksessamme erilaisia. Kun olemme itsellemme rehellisiä, tunnistamme rajan, jonka toisella puolella kaaos ei vaikuta ajatuksiimme.

Toimimattomat työtavat kuormittavat mieltä ja luovat kiireen tuntua ajatuksiimme. Tehtävälistalle kerätyt asiat lakkaavat vaivaamasta mieltämme ja toimintakykymme paranee. Kiireessä ajatuskykymme ei toimi tehokkaimmin ja teemme enemmän virheitä kuin rauhassa toimiessamme.

Muisti

Toimintakyky ja työteho tarvitsevat muistin apua. Ihmismielellä ei ole loputonta kykyä säilöä asioita. Etenkin työmuisti on hyvin rajallinen ja häiriöille altis.

Me kaikki olemme varmasti olleet joskus tilanteessa, jossa uusia hoitamattomia asioita putkahtelee jatkuvasti ajatuksiin. Ne ahdistavat meitä, ja meistä saattaa tuntua, että hoitamattomia asioita on suunnaton vuori. Todellisuudessa samat asiat kuormittavat mieltämme useaan otteeseen ja määrä tuntuu todellista suuremmalta, ellemme ota niistä kiinni ja pysäytä niitä paperille tai muulle muistin apuvälineelle.

Toisinaan saamme jonkin mahtavan oivalluksen. Mitä tapahtuu, jos emme ota huomioi sitä tarkemmin ja kirjaa sitä ylös? Jos jokin keskeyttää ajatuksemme eikä rajallinen työmuistimme jaksa pitää uudesta oivalluksesta kiinni, pääsevät muut ajatukset syrjäyttämään tuon mahtavan oivalluksen. Voi olla, että hetken kuluttua emme edes muista, että olimme oivaltaneet jotakin tärkeää. Hyvä tilaisuus tai idea saattoi valua hukkaan eikä ehkä koskaan enää palaa takaisin.

Moni ajattelee, että on oman heikkouden tunnustamista kirjoittaa muistinsa avuksi listoja tai muistiinpanoja. Tosiasia on, että työmuisti kykenee pitämään kerrallaan noin seitsemän asiaa hallussaan. Niinpä ainoastaan ihminen, jolla ei ikinä ole yli tätä seitsemää asiaa hoidettavanaan, saattaa selvitä ilman muistin apuvälineitä.

Meidän muiden kannattaa ehdottomasti tukeutua tehtävälistoihin, kalenterimerkintöihin ja omien ajatusten muistiin kirjaamiseen. Tämä ei tarkoita esimerkiksi luennon muistiinpanoja, vaan sellaisten asioiden kirjaamisia muistiin, jotka muutoin kuormittaisivat mieltämme tai saattaisivat saada aikaan asioiden hoitamatta jättämisen.

Kun kirjaat ajatuksesi johonkin talteen, huomaat että ne lakkaavat kuormittamasta muistiasi. Tästä saat erinomaisen 21 päivää kestävän uuden tavan harjoituksen. Kirjaamalla ylös kaikki mieleen ilmaantuvat hoidettavat asiat kolmen viikon ajan, huomaat että saat siitä muodostettua itsellesi rutiinin. Se, mihin asiat kirjoitat, on toisarvoista. Tärkeää on ainoastaan, että kirjaat mieleesi tulevat asiat ylös ja että kirjoitusvälineet ovat aina saatavilla.

Mieliala

Mitä tapahtuu mielialalle, kun paljoudesta on tullut vakituinen seuralainen? Harvan mieltä se ainakaan piristää. Työpaikan kaaos vie vuosittain työntekijöitä masennuksen tai burn outin aiheuttaman työkyvyttömyyden vuoksi sairauslomalle. Työn tekemisen täytyy tuntua olevan omassa hallinnassa, jotta työnteko on mielekästä. Jos tekemistä ja fyysistä kaaosta on liikaa, katoaa hallinnan tunne ja sitä myötä halu ja kyky tehdä työtä. Masennuksesta paraneminen ja oman elämän ja tehtävien hallintaan saaminen kulkevat käsi kädessä.

Työhyvinvointia voidaan parantaa ja työn kuormittavuutta vähentää sillä, että työntekijällä on tunne siitä, että hän hallitsee omaa työympäristöään ja niitä työtehtäviä, jotka hänelle kuuluvat. Työn tekeminen rauhassa ja ajallaan tuottaa mielihyvää ja lisää työssä viihtymistä. Pelkkä organisointi ja ajankäytönhallinnan opettelu eivät tietenkään auta, mikäli työnkuva on epäselvä tai liian vaativa. Jokaisella työntekijällä on oikeus tietää, mitä häneltä työssään odotetaan.

Työturvallisuus, kollegat, asiakkaat

Tavara- ja paperikaaoksen vaikutus työturvallisuuteen on kiistaton. Kasat ja pinot sekä ylitäyteen ahdetut hyllyt tai kaapit ovat vaarallisia. Kaaosmaisessa ympäristössä siivoaminen on hankalaa, mistä aiheutuu pölyn kerääntymisen myötä sisäilman huononemista ja hengitystieoireita. Kasojen alta myöskään vesivahingot eivät välttämättä löydy ajoissa. Paperipinojen ja pölyn kerääntyminen on myös paloturvallisuusriski.

Kaaos etenkin fyysisessä ympäristössä vaikuttaa väistämättä myös työtovereihin. Toisen työntekijän kiire ja toimimattomien työtapojen aiheuttama tehottomuus vaikuttavat myös kollegoihin. Toisen työn viivästyminen viivästyttää usein myös seuraavan työvaiheen tekijää.

Toisaalta, jos saat omat työsi rullaamaan tehokkaasti, vaikuttaa se myös kollegoihin joko suoraan tai epäsuorasti. Voit lisätä kollegoidesi työtyytyväisyyttä sillä, että he saavat omia tehtäviään varten tarvittavat asiat hyvissä ajoin. Saatat omalla esimerkilläsi vaikuttaa heidänkin työtapoihinsa ja työympäristöihinsä, kun he huomaavat että olet tehokkaampi ja tyytyväisempi kuin aikaisemmin. Saatat saada tosielämän seuraajia.

Miltä näyttää kaaosmainen työpiste asiakkaan silmissä? Useimmiten järjestyksessä oleva työpiste ja tehokas asiansa ajoissa tai jopa etuajassa hoitava henkilö saavuttaa asiakkaan luottamuksen tehokkaimmin. Asiakas ajattelee helposti, että tehokkuus ja osaaminen liittyvät toisiinsa. Asiakkaan edessä omalle tehtävälistalleen hoidettavan asian kirjaava voi antaa positiivisen vaikutuksen asiakkaan välittämisestä ja huolehtimisesta.

Tehokkuus

Epäilemättä papereiden, tiedostojen ja tekemisen paljous vähentää myös työtehokkuutta. Jos etsimiseen kuluu kaaoksen tai heikosti nimettyjen ja sekavasti tallennettujen tiedostojen vuoksi muutama tunti päivässä, voi ajatella että samalla työmäärällä organisoidussa ympäristössä voisi tehdä kuusituntista työpäivää tai saada tunnissa aikaan kahden tunnin edestä tuloksia.

Jos työtehtäviä on paljon, eikä niiden tekeminen ole omassa hallinnassa esimerkiksi jatkuvien keskeytysten ja toimimattomien työtapojen vuoksi, saattaa tuottamattomaan työhön kulua päivästä jopa puolet. Sähköpostin päämäärätön selailu vie monelta työntekijältä tehokkuutta suorittaa tärkeämpiä tehtäviä.

Puuhastelu, turhat työvaiheet ja lykkääminen vähentävät työn tehokkuutta, mikä heikentää suoraan yrityksen tuottavuutta. Tehokkuuden lisäämisen ei tarvitse tarkoittaa pidempiä työpäiviä vaan parempia työtapoja. Toimivien työtapojen avulla työntekijät voivat samassa ajassa saada aikaan jopa tuplasti enemmän ilman, että työtyytyväisyys tai työhyvinvointi laskisivat lainkaan.

Tehtävä 1

Mihin sinun kaaoksesi vaikuttaa eniten?

Tehtävä 2

Mihin sinun kiireesi vaikuttaa eniten?

Raivauksen välttely

Suurin osa meistä ymmärtää, että järjestyksessä oleva ympäristö ja tehokkaat työtavat saisivat meidät toimimaan tuottavammin. Kaikki tekeminen olisi vaivattomampaa ja kiireettömämpää. Miksi me emme sitten tee asioille mitään?

Syitä on monia. Seuraavista kymmenestä löydät varmasti omasi. Toivottavasti myös hahmotat vastaväitteet omille puolustuksillesi olla jumiutuneena vanhoihin tapoihin, kaaokseen ja kiireeseen.

1) Ei minulla ole aikaa

Yleisin syy vältellä etenkin työelämän kaaoksen ja kiireen kimppuun käymistä on ajan puute. Paradoksaalisesti ajan puutteesta kärsivällä ei ole aikaa toimia saadakseen lisää aikaa. Kovin korkeaa matematiikkaa et kuitenkaan tarvitse laskeaksesi muutaman tunnin panostuksen takaisinmaksuajan.

Esimerkki 1: Käytät työpöydän ja työtapojen raivaukseen kolme tuntia. Koska tämän jälkeen löydät helposti etsimäsi ja teet tärkeimpiä asioita tehtävälistaltasi, säästät jokaisena seuraavana päivänä tunnin. Kolmen päivän työskentelyn jälkeen olet jo säästänyt käyttämäsi ajan takaisin.

Esimerkki 2: Joskus on taatusti tilanne, että et ehdi käymään läpi koko työnkuvaasi ja työtapojasi ja etsimään itsellesi parhaiten sopivia toimivia menetelmiä edes muutamassa kymmenessä tunnissa. Kuitenkin, jos työuraasi on jäljellä kolmekymmentä vuotta, ja käytät siitä yhden viikon työtapojen ja työympäristön kunnostamiseen, jää jäljelle vielä 1409 tuplasti tehokkaampaa ja miellyttävämpää työviikkoa.

2) En saa työnantajaltani lupaa käyttää aikaani raivaamiseen

Ehkä ajattelet, että työnantajasi ei katso hyvällä, jos olet tekemättä oikeita töitäsi yhden päivän ajan. Ajan, jona saisit mietittyä työntekotapasi uusiksi ja kartoitettua työnkuvasi sekä raivattua kaaoksen. Niinkö luulet? Oletko kysynyt esimieheltäsi, olisiko kannattavaa, jos käyttäisit ensi viikon keskiviikon siihen, että saat työntekosi sellaiseen järjestykseen, että työtehokkuutesi lisääntyy ja tulosta syntyy enemmän kuin ennen? Pysyvästi. Ehkäpä vastaus onkin, että hyvä idea.

3) En ole järjestelmällinen ihminen enkä halua sellaiseksi tullakaan

Oman ympäristönsä ja toimintansa organisointi on kuin uimataito. Sitä kannattaa käyttää, jos haluaa päästä vastarannalle hukkumatta. Tyylillä ei ole väliä. Kunhan pääset rantaan ennen kuin voimasi loppuvat. Mikäli voimia tuntuu kuluvan liikaa, kannattaa harkita tekniikan muuttamista tai parantamista.

Moni ajattelee, että organisointi, järjestäminen ja järjestelmällisyys kuuluvat niille, jotka ovat järjestelmällisiä ihmisiä. Organisoinnin voi kuitenkin ajatella olevan apuväline, jonka avulla voit saavuttaa jotakin muuta tärkeää. Ajatellaan konkreettisena esimerkkinä vaikkapa kuopan kaivamista. Voit käyttää välineenä hiekkalapiota, pistolapiota, kaivinkonetta tai dynamiittia. Ne vaativat erilaisen määrän ponnisteluita, rahaa ja aikaa eri vaiheissa, mutta lopputulos on sama.

4) En ole luonteeltani tehokas ja aikaansaava

Mikä vie jonkun huipulle ja jättää toiset räpiköimään? Suurin osa huippujohtajista on järjestelmällisiä ja tehokkaita. He ovat joko opetelleet, sattumalta valinneet tai kokemuksen kautta ymmärtäneet heille sopivat ja tehokkaat toimintatavat. Kuka tahansa voi opetella tapoja, joilla omasta toiminnasta tulee tehokasta. Turhan kaaoksen ja tekemisen karsiminen ja suoraviivaisuus ilman säntäilyä voi viedä kenet tahansa eteenpäin isoin harppauksin. Voit oppia välttämään puuhastelua. Voit oppia tekemään tehtäväsi tuottavimmassa järjestyksessä. Voit päästä työskentelyssäsi flow-tilaan jo pelkästään opettelemalla välttämään keskeytyksiä. Voit oppia luopumaan kaikesta turhasta kaaosta aiheuttavasta.

5) En halua luopua tavaroistani, papereistani ja tutuista systeemeistäni

Yleinen puolustus tavaroista ja papereista luopumisen eli raivauksen välttelylle on se, että pitää tavaroistaan ja papereistaan. Tavaroistaan saakin pitää. Raivauksen tarkoituksena on luopua siitä osasta, joka tuottaa negatiivisia tuntemuksia tai haittaa työntekoa. Harva kuitenkaan pitänee kaikista tavaroistaan ja papereistaan. Suurimman arvon aarteet saavat, kun ne saadaan nostettua esille. Jos säilytät viittäkymmentä saamaasi palkintoa kaapin perukoilla muun tavaran alla, eivät ne pääse ansaitsemaansa arvoon. Jos laitat niistä edes viisi tärkeintä esille ja luovut muista tai ainakin turhasta ja arvottomasta tavarasta, joiden alla palkintosi piileskelivät, tuovat esille laitetut aarteet iloa jokaiseen päivääsi.

Sama pätee työtapojen suhteen. Moni välttelee parempien työtapojen omaksumista sanomalla, että minä nyt olen mikä olen ja aina olen näin tehnyt. Todennäköisesti tälläinkin osa toimintatavoista koetaan negatiivisia asioita tai tunteita aiheuttavina. Silloin on aiheellista luopua niistä ja luoda tilalle uusia positiivisia tapahtumia ja tuntemuksia aikaansaavia tapoja. Usein muutokseen riittää pienikin askel.

6) En voi enää oppia uusia tapoja

Osa meistä ei usko itseensä tai kykyynsä oppia uusia tapoja. Saatat ajatella, että: "Olen kokeillut monta kertaa aikaisemminkin parantaa ajankäytönhallintaani, mutta koskaan en ole onnistunut." Ehkä tähän onkin syynä se, että olet yrittänyt toteuttaa menetelmiä, jotka eivät ole sopineet juuri sinulle. Et vain ole löytänyt sitä tehtävienhallintamenetelmää, järjestystä tai kalenterijärjestelmää, joka auttaa juuri sinua toimimaan.

7) Kaikki menee kuitenkin uudelleen sekaisin

Osa kokee, että järjestäminen on ajanhukkaa, koska kaikki menee kuitenkin uudelleen sekaisin. Kun puhutaan organisoinnista, tarkoitetaan tässä kokonaisvaltaista oman toimintaympäristön ja toiminnan järkeistämistä ja haltuunottoa, ei pelkkää siivousta.

Organisointiin sisältyvät tehokas raivaus ja ajatuksella tehty järjestäminen sekä kriittinen oman toiminnan tarkastelu ja toimivampien käytäntöjen opettelu.

Kun työympäristöstä raivataan pois kaikki sinne kuulumaton, jää jäljelle paljon vähemmän materiaalia, joka voi mennä sekaisin. Kun kaikelle vielä etsitään oma paikkansa ja luodaan rutiinit asioiden palauttamisesta paikoilleen, ollaan jo pitkällä pysyvästi siistissä ja järjestetyssä ympäristössä.

Sama koskee oman toiminnan parantamista. Kun poistetaan turhat toiminnot ja organisoidaan jäljelle jääneet tehtävät esimerkiksi tiettyinä ajankohtina tai tietyissä paikoissa tapahtuviksi, pysyvät toimintakyky ja toiminnan laatu korkeina. Vanhoihin tapoihin palaamista voidaan välttää toteuttamalla 21 päivän sääntöä, eli suorittamalla uusia tapoja 21 päivän ajan.

8) Luovuuteni tarvitsee kaaosta

Tutkimukset osoittavat, että luovimmat ratkaisut syntyvät yleensä mahdollisimman vähän häiriöitä sisältävässä ympäristössä. Jos tunnet kaipaavasi kaaosta, et ehkä vain ole koskaan kokeillut työskentelyä ilman kaaosta. Luovuutesi saattaisikin nousta aivan uudelle tasolle, jos raivaisit kaiken turhan pois ja ajatuksesi pääsisivät liikkumaan vapaasti.

Ne, joiden työpiste näyttäisi päältä päin olevan pahimmassa kaaoksessa, ovat usein visuaalisesti toimivia ihmisiä. Ehkä pinoat kaiken, koska ajattelet muutoin kadottavasi tärkeät materiaalisi. Visuaalinen ihminen sanoo tietävänsä, missä mikäkin pinoissa sijaitsee. Usein hän maagisesti löytääkin etsimänsä ensimmäisellä yrityksellä. Mutta niinä kertoina, jolloin paperia ei heti löydykään, saattaa aikaa kulua etsimiseen kohtuuttoman paljon. Lopputuloksena on kaaoksen takia hukkaan heitettyä aikaa keskimäärin yhtä paljon kuin muillakin, usein jopa enemmän. Visuaalisuutta kannattaa käyttää hyödyksi omien toimintatapojen löytämisessä. Pinoaminen on eräs tapa järjestää paperinsa, mutta sekin voidaan tehdä organisoidusti ja etenkin raivauksella on tässä tilanteessa suuri merkitys.

9) Toimin paremmin kiireessä

Tutkimukset osoittavat, että juuri ennen deadlineja suoritetut tehtävät sisältävät huomattavasti enemmän virheitä kuin rauhassa ja ajoissa tehdyt tehtävät. Viime tingassa suoritetut tehtävät vaativat loppujen lopuksi usein myös enemmän aikaa, sillä niiden sisältämien virheiden korjaaminen kestää pidempään kuin tehtävän suorittaminen rauhassa ja kerralla kunnolla.

Moni kokee tarvitsevansa kiireen tuntua ollakseen tehokas. Tämä kiireen tuntu tulee useimmiten kuitenkin puuhastelusta, eli niiden tehtävien suorittamisesta, jotka eivät ole merkityksellisimpiä. Tärkeimpien tehtävien tekeminen kiireettömästi keskittyen vain ja ainoastaan kyseiseen tehtävään saa aikaan todennäköisesti suuremman tehokkuuden tunteen ja on todellisuudessakin tehokkaampaa kuin kiireinen säntäily.

10) En tiedä, mistä voin luopua

Tiedon puute saa meidät säilyttämään niin tavaroita, papereita kuin tiedostojakin. Jos ei tiedä, mistä saa luopua, on helpompi säilyttää se kuin selvittää poisheittämisen mahdollisuutta. Jos arkistointiin ei ole riittäviä ohjeita, saattaa jokin tiedosto tai paperi olla useina kymmeninäkin kopioina lisäämässä useamman ihmisen kaaosta. Jokaisessa organisaatiossa tulisi kuitenkin olla saatavilla jokin ohje säilytettävistä asiakirjoista. Jos näin ei ole, tai kyseessä on yksityisyrittäjä tai hyvin pieni organisaatio, löytyy laeista ja asetuksista neuvoja siihen, mitä on syytä säilyttää. Työnantajan velvollisuus on tietää ja kertoa työntekijöilleen, mitä ja miten organisaatiossa tulee säilyttää.

Usein riittää, että säilyttämisen tarpeen selvittää kerran. Esimerkiksi kierrätettävien materiaalien tai rikkinäisten tavaroiden kohdalla riittää, että kerran etsii käsiinsä tietoa asiasta. Arkistonmuodostussuunnitelma ja sen noudattaminen auttaa organisaatiota toteuttamaan säilytysvelvollisuuttaan ja -tarpeitaan.

Digitaalisista tiedostoista on joskus vaikea luopua, jos ei tiedä kenen vastuulla alkuperäisen säilyttäminen on. Samoin, jos ei ole varma, mikä on viimeisin versio, on vaikea painaa delete-näppäintä. Näiden asioiden selvittäminen on tärkeää, jotta pääsee irti turhan säilyttämisen ja epävarmuuden kierteestä. Tiedon puutteen korjaamiseen auttaa tiedon hankinta.

11) En halua heittää käyttökelpoista tavaraa roskikseen

Suurin osa tavaroista ja materiaaleista voidaan jollakin tavalla kierrättää tai uudelleen käyttää. Osa meistä kokee huonoa omaatuntoa luopuessaan turhista tavaroista. Moni ajattelee, että on kestävän kehityksen mukaista ja ympäristöteko olla luopumatta mistään. Tavaran tai paperin lojuttaminen käyttämättömänä on kuitenkin huonompi vaihtoehto, kuin siirtää se eteenpäin muiden käytettäväksi tai materiaaliksi uuden valmistusta varten.

Ehkä tiedostat säilyttäväsi jotakin, jota et tarvitse tai tule tarvitsemaan. Tämä voi olla syy siihen, että järjestäminen tuntuu vastenmieliseltä. Alitajuisesti tiedostat, että tarpeetonta materiaalia on turha lähteä järjestämään säilytettäväksi.

+12 Luopuminen ja uuden oppiminen on raskasta

Luopuminen ja uuden oppiminen on raskasta, on oikeastaan ainoa väite, jonka voi hyväksyä vastaväitteeksi raivauksen ja uusien tapojen opettelun välttelylle. Se on kuitenkin vain osatotuus. Jos ajattelet, että luopumisen ja uuden oppimisen prosessi voi olla raskas, olet jo puolessa välissä toimintaa. Päätösten tekeminen kuluttaa energiaa, joten raivaaminen on usein melko raskasta. Prosessia voit kuitenkin keventää monella tavalla. Pilko se osiin. Pidä taukoja. Ymmärrä, että yksikin askel voi viedä sinua harppauksen eteenpäin kohti parempaa. Ajattele lopputulosta ja sen tuomaa keveyden tunnetta. Palkitse itsesi jokaisesta onnistumisesta. Nauti luopumisesta.

Tehtävä 1

Mikä sinua on estänyt järjestämästä työpistettäsi?
Mikä sinua on estänyt parantamasta työtapojasi ja ajankäytön hallintaa?

Erottamaton pari – kaaos ja kiire

Kumpi oli ensin, kaaos työpöydällä vai jatkuva kiireen tuntu työnteossa? Todennäköisesti molemmat ovat kasvaneet samaa matkaa. Kysymys onkin oikeastaan turha, sillä kaaos ja kiire kulkevat käsi kädessä. Jos yrität selviytyä töistäsi paremmin ja valitset ratkaisuksi työpisteen raivaamisen, olet vasta puolivälissä. Vaikka kaaoksen raivaaminen selkeyttää myös pään sisäpuolta, ei pelkkä kaaoksen poistaminen tehosta omaa toimintaa kovinkaan paljoa. Jos taas käyt ajanhallinnan kurssilla ja alat toteuttaa oppimaasi käytännössä, olet jälleen vasta puolivälissä. Koska jos et tee työpöydällesi mitään, huomaat pian ajautuneesi takaisin vanhoihin tapoihin ja ajankäytönhallinnan opit ovat enää mukava muisto.

Suurimman tehon oman toiminnan hallintaan saat hoitamalla järjestykseen sekä kaaoksen että kiireen, sillä ne molemmat ruokkivat toisiaan. Kiireessä et ehdi laittaa asioita paikoilleen, jolloin kaaos lisääntyy. Ja kaaos synnyttää kiirettä, kun asioiden etsimiseen kuluu aikaa ja esimerkiksi tehtävälistoja on useita ja monessa eri paikassa.

Pieni askel, kuten itselle sopivan tehtävälistatyypin ottaminen käytäntöön voi pelastaa käyttöösi jopa useita tunteja viikossa. Voi myös olla, että teet työskentelytavoissasi vaativan muutoksen, mutta saat aikaan vain vähän näkyvää tulosta. Silloin olet ehkä valinnut itsellesi sopimattoman tavan toimia tai vanha tapasi oli jo riittävän hyvä, ja syy tehottomuuteen onkin muualla. Voit maksimoida hyödyn ja välttää turhaa työtä, kun käytät raivaamiseen, järjestämiseen ja uusien tapojen opetteluun kuluvan ajan lisäksi hieman aikaasi myös ajatustyöhön.

Kummasta aloittaa?

Aloita tällä kertaa helpoimmasta. Suurimmalle osalle meistä se on työpiste. Työpisteen raivaamisella aloittamisesta on myös se hyöty, että tulet papereita ja irtonaisia muistilappuja läpi käydessäsi pohtimaan omaa toimintaasi. Näin sinulla on työpisteen järjestämisen jälkeen jo työkaluja ja ajatuksia käydä käsiksi omien työtapojesi parantamiseen. Jos työpisteesi jostain syystä on todella suuren kaaoksen vallassa, etkä tiedä mistä aloittaisit, kannattaa avuksi ottaa toinen henkilö. Voit palkata avuksesi ammattilaisen (*professional organizer*) tai pyytää kollegaa apuun. Toinen silmäpari auttaa näkemään niitä kohtia, joille olet itse tullut sokeaksi ja joissa hakkaat päätäsi tiiliseinään.

Saatat raivausprosessin aikana huomata eksyväsi omien työtapojesi pohtimiseen ja tuntea suurta halua lähteä järjestämään niitä ensin. Pysähdy siinä tapauksessa hetkeksi ja mieti onko kaaoksesi siinä määrin hallussa, että voisit siirtyä työtapojen järkeistämiseen ja palata raivaukseen myöhemmin. Vai onko kyseessä raivausprosessin välttely, koska se ei ole lempipuuhiasi? Muista, että kaaos on ehkä syntynyt ja pysynyt juurikin siksi, että et ole sitä jostain syystä halunnut tai ehtinyt raivata. Omia intuitioitaan vastaan ei kannata taistella, mutta epämiellyttävien tehtävien välttely on suurin syy jatkuvaan kiireeseen ja tehottomuuteen, eli mieti palaatko raivausprosessin pariin varmasti, jos lykkäät sitä.

Miten edetä?

Jos tunnet, että kaaoksesi ja kiireesi ovat omin voimin selätettävissä, aloita raivaamalla työpiste. Karsi huolella ja järjestä jäljelle jäänyt materiaali ajatuksella. Kun työpisteesi on järjestyksessä ja tavara- ja paperimäärä toivottavasti vähentynyt vähintään puoleen, ovat ajatuksesi kirkastuneet sen verran, että työn tekemisen organisointi on motivoivampaa ja helpompaa. Käydessäsi läpi työpisteesi ja tiedostosi, saat paremman kuvan siitä, mitä työsi todella sisältää, mitä pitäisi tehdä ja mitkä asiat eivät ole toimineet. Motivoidut tekemään muutoksia myös työtapoihisi, kun näet raivatun fyysisen ympäristön vaikutuksen olotilaasi, mieleesi, ajatuksiisi ja lisääntyneeseen aikaasi.

Jos kaaos on suuri tai työtapasi ovat täysin solmussa, eikä sinulla ole mahdollisuutta toisen ihmisen apuun, kokeile seuraavaa. Aloita miettimällä työnkuvaasi ja kaikkea, mitä siihen kuuluu. Laadi itsellesi lukujärjestys. Sijoita lukujärjestykseen tunti tai pari viikossa työpisteen raivausta. Työpisteen raivauksessa apuna toimii työnkuvasi, jonka avulla voit helpommin luopua kaikesta, joka ei kuulu juuri sinun työsi piiriin. Toimita alueellesi ja tehtäviisi kuulumattomat tavarat ja paperit oikeaan osoitteeseen. Etene pieni alue kerrallaan ja nauti jokaisesta edistysaskeleesta. Muista, että pienikin askel voi viedä sinua pitkän matkan eteenpäin.

Teetpä raivauksen ja työtapojen uudistamisen missä järjestyksessä tahansa, tee ne molemmat. Jos luistat toisen tekemisestä, jätät arvokasta tehokkuuttasi joko kaaoksen tai kiireen taakse. Muista, että kun olet toisen näistä saanut ojennukseen, olet jo yli puolivälissä koko prosessia, sillä toista osaa raivatessasi olet jo ajatellut toistakin vähintään alitajunnassasi. Työ kannattaa myös ehdottomasti saattaa loppuun asti, jotta saat kaiken hyödyn itsellesi.

Raivausprosessin tarkemmat ohjeet löytyvät osiosta *IV Kaaoksesta järjestykseen*. Työtapojen tehostamiseen vinkit ovat osiossa *V Kiireestä tehokkuuteen*.

Tehtävä 1

Tuntuuko sinusta, että sinun kannattaisi aloittaa pienillä askeleilla ja pieni hetki kerrallaan, vai onko parempi (ja mahdollista) myllätä koko työn tekemisen meininki uusiksi käyttäen prosessiin pidempiä aikoja kerrallaan?

Huom!

Raivauksen tehokkuus alkaa laskea kolmen tunnin raivauksen jälkeen. Kuutta tuntia pidempää raivaushetkeä ei kannata pitää, sillä raivaus on pohjimmiltaan raskasta jatkuvaa päätösten tekemistä.

OSIO IV
KAAOKSESTA JÄRJESTYKSEEN

Luopumisen vaikeus

Luopuminen on vastakohta säilyttämiselle. Kun hahmotat säilyttämisen syitä, voit helpommin kyseenalaistaa itseäsi ja opetella luopumaan. Miksi säilytämme? Varmuuden vuoksi, kaiken varalta, koska jokin maksoi niin paljon, saimme sen lahjaksi tai perimme sen, aiomme korjata sen, myydä tai kenties viedä sen jonnekin.

Kun pohdit omia säilyttämisen syitäsi ja luopumisen vaikeutta, vaeltavat ajatuksesi mahdollisesti kodin esineisiin. Älä anna sen häiritä, sillä nämä ajatukset auttavat sinua luopumisprosessissasi.

Luopuminen on vaikeaa. Ensinnäkin meillä on monenlaisia syitä, miksi pidämme jostakin esineestä, ajatuksesta tai tavasta kiinni. Toiseksi luopuminen on äärettömän raskas prosessi, etenkin jos samalla kertaa joutuu luopumaan useammasta asiasta. Raskaaksi luopumisen tekee se, että jokainen luopuminen vaatii erillisen päätöksentekoprosessin.

Jotta voit luopua vaikkapa turhista liikelahjoista, joita on kertynyt työpisteellesi, joudut tekemään päätöksen säilyttämisen ja poisheittämisen välillä jokaisen esineen kohdalla erikseen. Joudut arvioimaan poisheittämisen mahdollisia tai kuvitteellisia vaikutuksia. Joudut myös tekemään päätöksen poisheittämisen jälkeisistä toimenpiteistä. Heitätkö liikelahjan roskikseen ja saat ehkä huonon omantunnon ja arvokkaita materiaaleja päätyy kaatopaikalle? Vai näetkö hieman vaivaa ja toimitat esineen lahjoitukseen? Haluatko mahdollisesti yrittää myydä esineen? Ehkä aiotkin lahjoittaa sen jollekin, jolle siitä on oikeasti hyötyä.

Luopumisessa ei ole kyse siitä, että päätä pahkaa raivattaisiin kaikki esineet kaatopaikalle. Kyse on siitä, että luovumme meille harmaita hiuksia aiheuttavista esineistä, papereista, tiedostoista ja työtavoista. Parannamme toimintakykyämme ja mieltämme, kun luovumme pahan mielen ja raskaan olon aikaansaajista. Kun luovumme näistä, voimme laittaa esille tai ottaa käyttöön ne esineet, jotka ovat meille aarteita. Tai voimme opetella tilalle uusia parempia, helpompia ja meille sopivampia tapoja toimia. Mitä vähemmän meillä on ympärillämme meille tarpeetonta, sitä paremmin voimme käyttää meille tarpeellisia ja tärkeitä esineitä ja asioita. Kun ymmärrämme, että luopuminen tarkoittaa aarteiden ja hyvien käytäntöjen esiin nostamista ja turhasta painolastista luopumista, tulee luopumisprosessista helpompi.

Geenit ohjaavat meitä. Varastoiminen pahan päivän varalle kannatti satoja ja tuhansia vuosia sitten. Sosiaalinen perimätieto kertoo meille joko omalla tai vanhempiemme suulla, että mitään ei kannata heittää pois vaan säilyttää varmuuden vuoksi. Kun tiedostat tämän, voit perustella itsellesi, että tänä päivänä säilyttäminen ei välttämättä olekaan tarpeellista. Voit antaa esineen eteenpäin jollekin sitä juuri nyt tarvitsevalle. Jos joskus koittaakin se päivä, että todella olisit tarvinnut kyseistä esinettä, voit yrittää edelleen pärjätä ilman tai hankkia samanlaisen jostain muualta. Todennäköisimmin et koskaan tule kaipaamaan pois antamiasi esineitä. Tai jos tuletkin kaipaamaan, menee tarve hyvin nopeasti ohitse ja huomaat kuinka selviydyt hyvin ilmankin. Jos luovut sadasta esineestä, todennäköisyys sille, että tarvitset niistä yhtä seuraavien kymmenen vuoden aikana, on edelleen melko pieni.

Jos et ole pitkään aikaan luopunut mistään, voi olla vaikea aloittaa. Luopumisen, kuten monen muunkin asian kohdalla, jokainen kerta on edellistä helpompi. Mitä enemmän luovut, sitä helpommaksi se käy. Viidenkymmenen esineen jälkeen olet ylittänyt ensimmäisen rajapyykin ja huomaat, että luopumisprosessi ei tunnukaan enää pahalta, vaan jopa mukavalta ja helpottavalta.

Papereista luopuminen

Papereista luopuminen voi olla joko hyvin helppoa tai hyvin raskasta. Jos tiedät, että pinoissasi ja mapeissasi ei ole mitään tärkeää, jota juuri sinun pitäisi säilyttää, voit poistaa kaiken kerralla ja aloittaa puhtaalta pöydältä. Jos joudut käymään jokaisen paperin yksitellen läpi, koska et lainkaan tiedä, mitä papereita sinulla on, voi prosessi olla raskas.

Paperit ovat nimittäin siitä inhottavia, että meidän on luettava niitä jonkin matkaa, jotta tiedämme, mitä ne sisältävät. Meillä on myös tapana ajatella, että niiden sisältämä tieto ja sen säilyttäminen tekee meistä jotenkin älykkäämpiä tai viisaampia. Toisinaan emme uskalla luopua papereista, koska meillä ei ole tarpeeksi tietoa siitä, mitä meidän tulee säilyttää. Silloin päädymme säilyttämään varmuuden vuoksi. Hanki siis tietoa siitä, mitä sinun missäkin tilanteessa tulee säilyttää, jotta voit luopua tarpeettomista.

Luopumisvinkkejä

Jos luopuminen tuntuu vaikealta, voit helpottaa pohdintaasi ottamalla käyttöön mietintäajan. Pakkaa erilliseen laatikkoon kaikki, joiden luopumisesta olet epävarma. Säilytä tämä laatikko vuoden ajan. Jos vuoden päästä et muista mitä laatikossa on tai et ole lainkaan kaivannut sinne pakkaamaasi materiaalia, voit huoletta luopua koko laatikon sisällöstä edes avaamatta laatikkoa.

Luopumisprosessissa täytyy muistaa ottaa huomioon muut mahdollisesti esineisiin tai papereihin liittyvät ihmiset. Ilman lupaa et voi heittää pois toisten tavaroita tai pakottaa toista muuttamaan tapojaan omien tapojesi mukaisiksi. Voit sen sijaan yrittää perustella muille, miksi jostakin kannattaisi luopua tai miksi jokin muu tapa olisi parempi. Mutta jokaisen on tehtävä nämä päätökset itse. Muutoin luopumisprosessin tuloksena ei suinkaan ole kevyempi vaan raskaampi mieli.

Kun olet keskellä luopumisprosessia, kannattaa muistutella mieliin niitä hyötyjä, joita saat luopuessasi. Kun taakkasi kevenee, vähenevät myös huolen aiheet. Mitä vähemmän sinulla on omistuksessasi, sitä paremmin voit tuntea hallitsevasi kaiken. Kun kykenet luopumaan, koet todennäköisesti voimaantumisen tunteen, koska saat tehdyksi jotakin omaa mieltäsi ja olotilaasi kohentavaa. Luopuessasi tarpeettomasta, saat myös lisää aikaa itsellesi, kun esimerkiksi etsimiseen käyttämäsi aika lyhenee.

Tehtävä 1

Onko sinulla jokin esine, jota säilytät kaiken varalta?
Mieti jokin esine, joka on painolastia, mutta silti säilytät sitä. Miksi?

Organisoinnin periaatteet

Jokainen meistä toimii ja ajattelee yksilöllisesti. Valmiita vastauksia siihen, miten jokin kannattaisi järjestää täydellisesti tai minkälainen työtapa asioiden hoitamiseksi olisi sinulle se paras, on käytännössä mahdoton antaa. Kirjan jäljempänä olevissa luvuissa käydään läpi erilaisia vaihtoehtoja, joista voit valita itsellesi sopivimman tuntuisen tavan ja kokeilla sitä käytännössä.

On kuitenkin joitakin organisoinnin perusperiaatteita, joita noudattamalla pääset ison askeleen eteenpäin. Nämä säännöt pätevät käyttäjästä ja ihmistyypistä riippumatta. Nämä kuusi organisoinnin perusperiaatetta koskevat ennen kaikkea tavaroiden järjestämistä. Ne kannattaa kuitenkin pitää mielessä myös papereita ja työtapoja järjestettäessä. Tutustu näihin periaatteisiin ennen raivausprosessiin siirtymistä, koska jo raivausvaiheessa on hyvä ajatella jäljelle jääneiden sijoittelua.

Organisoinnin perusperiaatteet ovat:

1) Vähemmän on enemmän
2) Lajittele
3) Sijoittele
4) Nimeä
5) Palauta
6) Patoa

1) Vähemmän on enemmän

Mitä vähemmän sinulla on tavaraa järjestettävänä, sitä helpompaa on sekä luoda järjestys, että pitää se yllä. Mitä vähemmän omistat, sitä helpompi kaikkea on hallita. Jos kaapista tai hyllystä on käytössä 75 %, on se silloin täysi. Mitä vähemmän esimerkiksi laatikossa on tavaraa, sitä helpompi sitä on käyttää. Olet ehkä joskus kokenut tunteen, että puolityhjä laatikko, hylly tai kaappi on jollain tavalla vajaakäytössä. Tyhjä hylly kaapissa ikään kuin vaatii täytettä itselleen. Kuinka usein olet nähnyt kirjahyllyssä tyhjän hyllyn? Meillä on tarve elää rajojemme mukaan. Säilytystilamme koemme olevan tarpeen täyttää reunojaan myöden. Kokeile joskus tyhjää tai edes puolityhjää laatikkoa tai hyllyä ja katso mitä tapahtuu.

2) Lajittele

Samantyyppisen käyttötarkoituksen omaavat tavarat kannattaa sijoittaa samaan paikkaan. Etsiminen helpottuu, kun voit hakea esimerkiksi toimistotarvikkeiden hankintaan liittyviä oppaita yhdestä paikasta, arkistointiin tarvittavia toimistotarvikkeita yhdestä ja esimerkiksi omia henkilökohtaisia tavaroitasi tai papereitasi työpisteesi tietystä paikasta. Kotona sijoitamme yleensä ruuanvalmistukseen tarvittavat asiat keittiöön ja peseytymiseen tarvittavat kylpyhuoneeseen. Loppujen kanssa saatamme olla huolettomampia, vaikka kaiken voisi järjestää samoin.

3) Sijoittele

Missä mitäkin kannattaa säilyttää? Sijoitellessasi tavaroita, mieti niiden käyttöä ja käytettävyyttä. Esimerkiksi joka päivä käytettävät toimistotarvikkeet kannattaa pitää mahdollisimman lähellä. Harvemmin käytettävän arkiston, johon papereita arkistoidaan kerran viikossa ja josta jotakin haetaan enintään kerran kuussa, ei tarvitse olla parhaalla paikalla ja käden ulottuvilla.

Sijoita useimmin käytettävät materiaalit helposti saataville ja ergonomisesti sopivalle korkeudelle. Joitakin esineitä voit sijoittaa tarkoituksella kauemmas, jotta välillä joudut nousemaan tuolistasi verryttelemään. Työvälineet kannattaa sijoittaa lähelle paikkaa, jossa niitä käytetään. Jos käyttöpaikkoja on useita ja ne ovat kaukana toisistaan, kannattaa harkita useamman välineen hankkimista. Jos esimerkiksi sakset ovat jatkuvasti hukassa, voi helpoin tapa tilanteen korjaamiseksi olla se, että saksia on kaikissa niissä paikoissa, joissa niitä tarvitaan.

Tärkeintä on, että minkään esineen sijainti ei ärsytä sinua. Sijainnin on oltava myös sellainen, että se ei haittaa tai hidasta työskentelyäsi. Joskus huomaat, että jonkin tehtävän suorittaminen tuntuu aina hankalalta. Syynä voivat olla väärin sijoitellut materiaalit. Kuuntele silloin tätä ärsytyksen ääntä ja tee pieni korjaus sijoitteluun. Kaiken kaikkiaan sijoitteluun sopii ärsytyskynnyksen ylittämisen periaate. Se kertoo, missä tavarat ovat siten, että niiden etsimistä tai käyttöä ei tarvitse ajatella, vaan käytöstä tulee automaattista eikä esineiden sijainti häiritse työntekoa.

4) Nimeä

Esineiden tai niiden sijoituspaikkojen nimeäminen on tärkeää etenkin, jos käyttäjiä on enemmän kuin yksi. Yhdenkin käyttäjän kannattaa käydä kertaalleen läpi ajatuskuvio siitä, mitä tapahtuisi jos päätyisit vuodepotilaaksi sairaalaan useiden kuukausien ajaksi ja kollegan täytyisi löytää työpisteeltäsi jotakin. Tai entä jos työpistettäsi käyttäisi sijainen?

Kun työpisteen tavaroiden ja papereiden sijoituspaikat on nimetty, säilyy järjestys parhaiten ja esineiden palauttaminen paikoilleen on helpompaa riippumatta siitä, kuka on käyttäjänä. Nimeäminen ei ole kenenkään toimintakyvyn vähättelyä, vaan lisää toimivuutta ja vähentää kaaosta etenkin muissa kuin täysin yksityisissä tiloissa. Myös joitakin käyttöesineitä kannattaa nimetä, jotta niitä ei käytetä väärin. Nimeämisprosessin hyötynä on myös se, että nimetessäsi joudut pohtimaan omia systeemejäsi ja lajitteluperiaatteitasi. Näin huomaat helpommin toimimattomat ja epäloogiset kohdat, joiden kanssa kannattaa tehdä muutoksia.

5) Palauta

Kun olet saanut raivauksen tehtyä ja jäljelle jääneet sijoiteltua järkeville paikoille, on jäljellä kahden tärkeän toimintatavan opettelu. Näistä ensimmäinen on palauttaminen. Kun käytät jotakin esinettä tai paperia, palauta se heti käytön jälkeen paikoilleen. Jos palauttaminen ei onnistu helposti, mieti onko tavaralle lainkaan luotu paikkaa tai onko paikka kenties väärä. Jos jokin tavara pyrkii aina jäämään lojumaan, mieti syytä siihen. Tee vaikkapa jokin epätavanomaisempi sijoittelu, jotta saat tavaran palautetuksi paikoilleen aina käytön jälkeen. Esimerkiksi jos sakset jäävät aina lojumaan, mieti onko syy kenties siinä, että ne sijaitsevat aivan toisella suunnalla kuin ne asiat, joita saksilla useimmiten leikkaat.

Ehkä kannattaakin sijoittaa sakset sinne, missä niillä useimmiten leikataan.

Jos esineen palauttaminen tai laittaminen paikoilleen vie alle puoli minuuttia, on aikaa säästävämpää palauttaa se välittömästi takaisin paikoilleen kuin jättää lojumaan. Ajattelet ehkä, että usean tavaran palauttaminen yhtäaikaisesti paikoilleen myöhemmin vie vähemmän aikaa kuin jokaisen palauttaminen yksitellen. Tämä pätee toisinaan, mutta useimmiten se on harhakuvitelma. Jokaisen tavaran välitön palauttaminen paikoilleen säästää aikaa etsimiseen kuluvan ajan pysyessä mahdollisimman pienenä. Tavaroilla on myös erityinen taipumus kerätä seurakseen uutta paikalleen palautumatonta tavaraa, jolloin kaaoksen ja palautettavien esineiden kokonaismäärä kasvaa.

6) Patoa

Toinen tärkeä uutta järjestystä ylläpitävä toimintatapa on patoaminen. Kun olet luonut uuden ja niukemman järjestyksen, haluat varmasti sen säilyvän. Patoa tällöin uuden materiaalin virta alueellesi. Pysähdy hetkeksi jokaisen liikelahjan, messukrääsän, mainoslehden, pöytäkirjakopion ja tiivistelmän kohdalla. Mieti, tarvitsetko sitä oikeasti. Tulisitko toimeen mainiosti ilmankin? Keksitkö jonkin todellisen käyttötarkoituksen esineelle? Opettele sanomaan ei itsesi lisäksi muillekin, joiden kautta paljous alueellasi on vaarassa lisääntyä. Aluksi kyseenalaistaminen ja kieltäytyminen voi tuntua vaikealta, mutta ajan myötä siitäkin tulee automaattinen tapa.

Tehtävä 1

Mieti jokin esineiden säilytyspaikka, joka toimii. Miksi se toimii hyvin? Miten voisit siirtää samat periaatteet muidenkin paikkojen järjestämiseen?

Tehtävä 2

Kokeile vähintään yhden päivän ajan kyseenalaistaa jokaisen omistustaakkaasi lisäävän tavaran, paperin ja miksei minkä tahansa tekemisenkin tarve.

Raivausprosessi

Kun lähdet raivaamaan tavaroita ja papereita, istu alas (tai tarvittaessa seiso) ja huolehdi, että sinulla on lähietäisyydellä vähintään seuraavat keräysastiat:

1) Roska-astiat erikseen papereille, tuhottaville papereille ja tavallisille roskille.
2) Kierrätyskelpoisten tavaroiden ja materiaalien astiat: pahvi, metalli, lasi, käyttökelpoiset tavarat joko yhdessä tai erikseen
3) Muualle kuuluvien tavaroiden astia
4) Kyseisessä raivauskohteessa säilytettävien astia

Astiat voivat olla erilaisia laatikoita, jätesäkkejä tai vaikkapa Ikean kasseja. Pääasia on, että kerran lajitellut tavarat tai paperit eivät mene uudelleen sekaisin ja että jokainen astia on selkeästi nimetty.

Muista huolehtia tauoista. Kolmen tunnin raivauksen jälkeen tehokkuus laskee selvästi.

Raivaukseen kuluva aika

Raivaukseen ja järjestämiseen kuluva aika riippuu sekä raivattavan materiaalin määrästä että kyvystäsi tehdä päätöksiä. Yhden pöytälaatikon raivaus voi kestää muutaman minuutin, jos tavaraa on siedettävästi ja olet tehokas tekemään päätöksiä asioiden säilyttämisen ja pois heittämisen välillä. Normaalikokoisen työpöydän pinnan raivaat noin tunnissa ja järjestämiseen voi kulua toinen tunti. Jos pöytää peittävät lähes puolen metrin korkuiset kasat, varaa aikaa pöytäpinnan raivaukseen useampia tunteja.

Isomman toimiston ja siellä sijaitsevan arkiston raivaus ja järjestäminen voivat viedä yli kaksikymmentä tuntia. Toisaalta isompikin toimisto voi organisoitua muutamassa tunnissa, mikäli materiaalia ei ole kovin paljon. Kotitoimiston raivausprosessi vie hieman enemmän aikaa, koska siellä sijaitsee yleensä enemmän erilaisia lajiteltavia kategorioita. Saatat selvitä muutamassa tunnissa, mutta todennäköisemmin saat käyttää aikaasi 6-20 tuntia.

Raivaus vie prosessista selkeästi eniten aikaa. Lajittelu ja paikalleen laittaminen kestävät vähemmän. Jos joudut hankkimaan uusia säilytysastioita, kansioita tai muita tarvikkeita, johon sijoittelet tavaroitasi ja papereitasi, varaa hankitaan ja sijoitteluun riittävästi aikaa, jotta raivaustyösi ei valu hukkaan.

Parkkeerauslaatikko

Jos raivausprosessin aikana huomaat, että luopuminen on vaikeaa ja mietit monen asian säilyttämistä varmuuden vuoksi, kannattaa käyttää parkkeerauslaatikkoa. Lisää lajitteluastioihin vielä yksi laatikko, johon laitat ne asiat, joista et ihan vielä uskalla luopua. Vuoden päästä voit palata tämän laatikon pariin. Jos et silloin edes muista, mitä sinne olet pakannut, voit huoletta heittää koko avaamattoman laatikon sisältöineen menemään tai viedä kierrätykseen. Jos et vuoden aikana ole kaivannut parkkeerauksesta mitään, et mitä suurimmalla todennäköisyydellä tule seuraavinakaan vuosina näitä kaipaamaan.

Jos kyseessä ovat paperit, joiden säilyttämisen lainmukaisista periaatteista et ole aivan varma, voit nämä säilyttää lain vaatimat yleensä kuusi tai kymmenen vuotta. Kunhan ne eivät ole työpisteelläsi häiritsemässä nykyhetken töitäsi.

Aloita takaa tai edestä

Aloita jostakin rajatusta kohteesta. Jos kaaos on yhtä työpöytää suurempi, kannattaa kokonaisuus pilkkoa osiin. Voit aloittaa joko takaa tai edestä. Takaa aloittaessasi aloita perimmäisestä varastointinurkasta, jotta saat sinne tilaa todellista varastointia tarvitseville asioille. Jos kaaos on kovin häiritsevä tai et sen suuruuden vuoksi pääse perimmäiseen nurkkaan, aloita edestä eli päältä, pöydän pinnalla olevista kasoista tai vaikkapa työpöydän yhdestä laatikosta. Mieti käytettävissäsi olevan ajan pituus, ja valitse sen perusteella sopiva kohde.

Raivauksen prosessi on seuraava:

1) Käsittele
2) Päätä
3) Siirrä
4) Sijoita

Kolme ensimmäistä vaihetta suoritat yhä uudelleen ja uudelleen ja jokaiselle esineelle erikseen. Koko raivauksen lopuksi seuraa viimeinen vaihe eli sijoittelu. Ennen kuin aloitat raivaamisen, on hyvä jos olet voinut miettiä ja tiedostaa jäljelle jäävän materiaalin sijoittelun ääriviivat. Varsinkin papereita raivatessasi on tehokkainta, että jo raivausvaiheessa lajittelet paperit tuleviin kategorioihin.

1) Käsittele

Ota jokainen esine tai paperi yksitellen käteesi. Tärkeää on, että jokaista yksittäistä asiaa käsitellään yksittäisenä. Älä käsittele kokonaista pinoa, kasaa tai myttyä kerrallaan, ellet sitten ole esimerkiksi papereiden tapauksessa täysin varma, että jokin lehtipino on vain lehtiä ja poisheitettäviä. Saatat myös tietää, että koko laatikollinen vanhoja tietokoneen korppuja tai lerppuja joutaa hävitettäviksi. Kun punnitset jokaista tavaraa ja paperia yksitellen ja erikseen, on päätöksen tekeminen helpompaa ja pystyt paremmin luopumaan turhasta.

Kolme ensimmäistä vaihetta ovat raakaa käsityötä. Kun tavaroita käsitellessäsi saat uusia ajatuksia tai tiedät pitelemäsi esineen kuuluvan jonnekin muualle, hillitse itsesi. Älä poistu raivattavalta alueelta, vaan laita muualle kuuluva esine muualle kuuluvien laatikkoon. Varo myös harhautumista muisteluihin tai uusien ideoiden kehittelyyn. Voit perustaa laatikon erikseen myös esineille, joita voit jonain toisena ajankohtana tarkastella muisteluhetkessäsi. Voi myös olla kannattavaa pitää lähettyvillä tehtävälistaa tai muistikirjaa, johon voit raivausprosessin aikana pikaisesti kirjata mieleesi tulevat asiat.

2) Päätä

Tee päätös säilyttämisen ja luopumisen välillä. Jos epäröit, voit todennäköisemmin kallistua luopumisen puolelle. Apuna päätöksen tekemisessä voit kysyä itseltäsi seuraavia kysymyksiä?

- *Keksinkö jonkin tietyn tapahtuman tai kohteen, jossa tarvitsen tätä esinettä, paperia tai tiedostoa?*
- *Vaativatko laki, asetukset tai muut säännökset säilyttämistä?*
- *Olenko käyttänyt tätä viimeisimmän vuoden aikana?*

Jos vastaus on ei, voit huoletta luopua kyseisistä materiaaleista. Myös seuraaviin kysymyksiin saatava kyllä-vastaus ohjaa sinua luopumaan.

- *Saanko tämän helposti muualta, jos tarvetta myöhemmin ilmenee?*
- *Säilytänkö tätä jonkun muun puolesta?*
- *Onko minulla näitä liian monta?*

Usein tiedostat joidenkin tavaroiden kohdalla, että luopuminen olisi järkevin vaihtoehto, mutta tunteesi haraavat vastaan. Silloin kannattaa kysyä itseltään seuraava kysymys:

- *Mikä on pahin, mitä voisi tapahtua, jos heitän tämän pois?*

Tämä on myös se kysymys, jota kannattaa käyttää, jos haluaa valita vain yhden kysymyksen, jota raivausprosessissa itselleen esittää.

Papereiden joukosta löytyy usein monia lykättyjä päätöksiä. Näiden kohdalla kannattaa kysyä itseltään, tulenko päätettävän asian (hankinta, ilmoittautuminen, matkan varaus jne.) suhteen yhtään viisaammaksi seuraavien päivien tai viikkojen aikana, vai onko minulla jo nyt hallussani kaikki tieto, jota päätöksen tekemiseen tarvitsen. Jos tiedot eivät ajan mittaan kasva, on syytä tehdä päätös välittömästi, sillä vastaukset näihin lykättyihin päätöksiin ovat yleensä nopeita kyllä- tai ei –vastauksia. Päätöksen jälkeen siirrä paperi sopivaan kategoriaan seuraavan vaiheen mukaisesti.

3) Siirrä

Kolmas vaihe on laittaa tavara tai paperi oikeaan keräysastiaan. Huolehdi, että kaikki astiat ovat lähietäisyydellä, jotta et hukkaa aikaa lajittelemasi materiaalin viemiseen paikoilleen muihin tiloihin raivauksen tässä vaiheessa. Raivauksen tulee olla tehokasta nakkelua. Papereita raivatessasi sinulla kannattaa olla valmiiksi mietittynä mahdollisimman paljon eri kategorioita, joihin papereita luokittelet. Lajittele säästettävät jo raivausvaiheessa pinoihin, muovitaskuihin tai laatikoihin. Nimeä nämä keräyspisteet huolella esimerkiksi tarralapuin. Papereita raivatessasi mieti kategorioiden luomisessa myös tiedostojasi. Kaikkein tehokkainta on, jos sinulla on sekä papereiden että tiedostojen suhteen sama systeemi eli samanlaiset kategoriat ja nimeämistavat.

4) Sijoita

Kun olet käynyt raivattavan alueen läpi tai kello näyttää, että sinulla on aikaa jäljellä noin neljäsosa raivaukseen varatusta ajasta (esimerkiksi kolmen tunnin sessiosta kolme varttia) on aika tyhjentää laatikot oikeisiin paikkoihin. Vie roskat jätepisteelle ja kierrätykseen menevät materiaalit kohti kierrätystä.

Vie muualle menevät esineet ja paperit omille paikoilleen. Jos nämä paikat ovat vielä raivaamatta ja kaaoksessa, sijoita sinne tuleva tavara kaaoksen päälle jossakin selkeässä rajatussa astiassa, jotta sinun ei tarvitse käydä niitä enää uudelleen läpi.

Tärkein tehtävä on sijoittaa juuri raivatulle alueelle jäävät materiaalit takaisin siten, että niiden käytettävyys on mahdollisimman hyvä. Kannattaa lajitella esineet ja hankkia mieluummin liikaa kuin liian vähän erillisiä säilytysastioita. Esimerkiksi klemmarin löydät käyttöösi kätevimmin pelkkiä klemmareita sisältävästä astiasta, joka sijaitsee riittävän väljässä laatikossa tai muussa säilytyspaikassa. Ei myöskään haittaa, vaikka jollakin yksittäisellä esineellä olisi vain kyseiselle esineelle rajattu paikka. Mitä useammin jotakin käytät, sitä helpommin tavoitettavalle paikalle se kannattaa sijoittaa. Voit käyttää erilaisia pieniä laatikoita, koreja, purkkeja, seinätaskuja, klipsejä tai mitä tahansa, millä saat lajitellut esineet pysymään paikallaan. Huomioi kuitenkin, että niiden paikoilleen laittamisen ja sieltä käyttöön ottamisen on oltava helppoa.

Tyhjää pöytäpintaa kannattaa jättää mahdollisimman paljon. Se edesauttaa työn tekemistä visuaalisten häiritsevien tekijöiden puuttuessa. Tyhjän pöytäpinnan etu on myös mahdollisimman suuri työtila, johon voit levittää työssäsi tarvitseman aineiston.

Papereiden kohdalla sijoitteluvaihe kannattaa mahdollisesti suorittaa vasta, kun kaikki paperit on raivattu. Tällöin näet, paljonko mihinkin kategoriaan jää papereita, sillä se ratkaisee usein säilytykseen liittyviä seikkoja, kuten mappien, kansioiden, muovitaskujen yms. valinnan. Säilytä siihen asti paperit järjestyksessä. Papereiden järjestämisestä voi lukea lisää seuraavasta luvusta.

Jos tiedät, että raivaamallesi alueelle (pöytä, laatikko, työhuone) tulee vielä lisää tavaroita tai papereita muualta, kannattaa jo raivatut materiaalit silti sijoittaa mahdollisimman hyvin tuleville paikoilleen. Muista jättää tilaa vielä tulossa oleville asioille.

Kun luot organisoinnin perusperiaatteiden ja oman logiikkasi mukaisen järjestyksen, pysyvät tavarat jatkossa paremmin paikoillaan, niitä on helppo käyttää, ja tiedät missä ne sijaitsevat.

Tehtävä 1

Kokeile koko raivausprosessin suorittamista johonkin pieneen kohteeseen, kuten työpöydän laatikkoon. Paljonko löysit turhaa tai väärässä paikassa olevaa tavaraa?
Paljonko sinulta kului aikaa?
Olitko nopea tekemään päätöksiä?
Oliko luopuminen helppoa vai vaikeaa?
Vastausten perusteella voit ennakoida koko prosessin kestoa ja vaativuutta.

Papereiden raivaus

Papereiden raivauksessa pätevät samat säännöt kuin tavaroidenkin suhteen. Papereiden kanssa kuluu kuitenkin enemmän aikaa. Tämä johtuu ennen kaikkea siitä, että paperit ovat kaksiulotteisia. Tästä ominaisuudesta on kaksi haitallista seurausta. Ensinnäkin papereita on helppo pinota, kasata ja siirrellä paikasta toiseen, koska ne asettuvat mukavasti pinoihin ja vievät oikeastaan melko vähän tilaa. Toinen kaksiulotteisuuden harmillinen seuraus on se, että me joudumme lukemaan paperin tekstiä jonkin matkaa, ennen kuin tiedämme, mitä tietoa asiakirja sisältää. Esineet voimme jo kaukaa tunnistaa tietyiksi esineiksi.

Kaksiulotteisuuden lisäksi papereiden kertymistä lisäävä piirre on niiden kolmas ulottuvuus eli niiden vaatimat toimenpiteet. Lähes aina syy siihen, miksi säilytämme papereita, on niiden sisältämä tieto, joka vaati meiltä päätöksiä tai tekoja. Tämä tieto vanhenee välillä hyvinkin nopeasti monien dokumenttien, lehtien, mainosten, raporttien ja ilmoittautumislomakkeiden kohdalla. Suuri osa säilyttämästämme paperista sisältääkin vanhentunutta tietoa, ja todennäköisesti myös sinun paperiesi joukossa on 80 % keräyspaperiin sopivaa materiaalia.

Jos papereidesi määrä on hyvin suuri, kannattaa raivaus aloittaa uusimmista papereista, sillä ne sisältävät edelleen käyttökelpoista ja ajankohtaista tietoa. Näitä papereita tarvitset todennäköisimmin työn alla olevissa tehtävissäsi. Papereista luopuminen käy myös helpommaksi prosessin edetessä. Pystyt siis kiihtyvällä tahdilla ja tehokkaammin heittämään pois loppupään vanhoja kaikkein tarpeettomimpia papereitasi. Takaisin työntekoon pääseminen on myös helpompaa, kun vähintään uusimmat materiaalit ovat hallussa.

Paperiton toimisto

Paperi on edelleen monen asian säilyttämisessä se ainoa täysin hyväksytty vaihtoehto, koska digitaalisen materiaalin säilymisestä emme voi olla täysin varmoja. Joistakin asiakirjoista on siis yksinkertaisesti säilytettävä paperiversiota arkistossa. Täysin paperittomaan toimistoon pääseminen onkin osittain illuusio. Jopa *paperless* tarkoittaa suoraan suomennettuna vähemmän paperia. Voimme vain ottaa ensimmäiseksi tavoitteeksi ennen paperittoman toimiston toteutumista kaiken turhan paperin vähentämisen.

Suuren osan papereidemme sisältämistä tiedoista saamme tarvittaessa muualta. Monesti tiedot ovat vanhentuneet ja osa papereista on yksinkertaisesti informaatiotulvan tuomaa lisäpainoa. Osaa säilytämme muistilappuina, vaikka asia voisi olla kirjattuna esimerkiksi kalenteriin, tehtävälistalle tai muistikirjaan hyvinkin nopeasti ja lyhyesti.

Voimme pyrkiä mahdollisuuksien mukaan tallentamaan digitaaliseen muotoon kaiken, jota ei ole pakko lakien, asetusten tai organisaation sääntöjen vuoksi säilyttää paperisena. Tässä kohdin on varottava, että emme pelkästään siirrä paperikaaosta sähköiseen muotoon. Muutoin meillä on edessämme kovalevyllinen tiedostoja, joiden sisällöstä, tarkoituksesta tai säilytystarpeesta emme tiedä juuri mitään.

Paperikaaos

Kun puhutaan papereista ja kaaoksesta, ei sillä tarkoiteta pelkästään pöydän kulmalle tai lattialle kertyneitä sekavia pinoja. Papereiden kaaos on ennen kaikkea sitä, että emme tiedä, missä tietynlaiset paperit sijaitsevat. Ellet satu omaamaan valokuvamuistia, vie oikean paperin etsiminen turhaan aikaasi ja voimavarojasi, mikäli

A) Hallussasi on liikaa papereita.
B) Paperit eivät ole sinulle loogisessa järjestyksessä.
C) Papereiden säilytyspaikkoja ei ole jollakin tavalla nimetty.

Siististi mapitetut paperit saattavat siis olla yhtä hyvin raivauksen tarpeessa kuin pinojen vallassa oleva pöytäkin. Mapeissa epäloogisesti sijaitsevien asiakirjojen käytettävyys voi olla jopa pinottuja papereita heikompaa.

Tehtävä 1

Ota pieni pino paperia ja käy se läpi. Kellota tapahtuma. Käy jokainen paperi läpi ja mieti, mihin kaikkiin kategorioihin tämän pinon paperit kuuluisivat? Paljonko oli paperinkeräyksen saldo? Kauanko kului aikaa?

Papereiden järjestäminen

Omat päivittäisessä työssäsi tarvittavat paperit, jotka eivät kuulu yrityksen arkistoon, omaan arkistoon, kotiarkistoon tai viiteaineistoon, voit yleensä järjestää itsellesi sopivimman tavan mukaisesti. Tapoja on monia. Se, mikä tapa sopii sinulle parhaiten, riippuu oman luonteesi lisäksi työsi luonteesta. Onko sinulla pääasiassa pieniä yksittäisiä hoidettavia tehtäviä vai isompia projekteja? Ovatko työsi rutiininomaisesti samoina toistuvia vai jatkuvasti uudenlaisia?

Papereiden järjestäminen riippuu pitkälti niiden käyttäjästä tai käyttäjistä. Mitä useampia käyttäjiä, sitä parempia luokittelusysteemeitä tarvitaan. Mitä isompi organisaatio on kyseessä, sitä tarkemmat valmiit ohjeet etenkin arkistointiin yleensä on olemassa. Työnkuvasta riippuen työntekijän oman työpisteen papereiden järjestys voi olla joko ylhäältä päin saneltu, kollegojen kanssa yhtenäiseksi mietitty tai jokin aivan oma käyttäjälle sopiva ja ominainen tapa.

Tärkeintä on, että järjestys, jota käytät, on jollakin lailla looginen ja itsellesi sopiva. Mikäli vaikutusmahdollisuutesi ovat pienet, lisää mukaan omaa logiikkaasi. Käytä lisänä vaikkapa värejä tai ylimääräisiä kansioita tai kategorioita. Kunhan käytettävyys on sellainen, että se ei estä tai hidasta työntekoasi.

Säilytysvälineet

Mikäli ylhäältä päin ei ole perustelluista syistä määritelty papereiden säilyttämisen välineitä, kannattaa sinun pohtia niiden hyötyjä ja haittoja omalta kannaltasi. Valitse itselle sopivimmat välineet. Jollekin paras ja selkein tapa on säilyttää paperit rei'itettyinä mapeissa. Jollekin mapittaminen on niin työläs ja epämiellyttävä prosessi, että paperit jäävät sen vuoksi lojumaan. Mappien vaihtoehtona riippukansiot, kansiokotelot, lomakelaatikot, muovitaskut, pinot, laatikot ja vaikkapa salkut ovat kaikki yhtä hyviä ratkaisuja, kunhan ne ovat käyttäjälleen sopivia ja miellyttäviä sekä täyttää että käyttää.

Jos et omia mieltymyksiäsi ja välineiden ominaisuuksia pohtimalla tiedä, mikä on sinulle paras väline, kannattaa kokeilla jotakin hetken aikaa. Kuulostele itseäsi ja havainnoi, missä kohdin välineiden käyttö alkaa ärsyttää. Onko se papereiden etsimisessä vai niiden tallentamisessa jokin vaihe? Ehkä se on tallennusvälineen ulkonäössä, säilytyspaikassa, papereiden sotkeentumisvaarassa tai niiden siirreltävyydessä oleva seikka.

Valitse itsellesi sopivin lajittelutapa

Oma ajattelutapasi vaikuttaa siihen, kuinka paperit, tiedostot ja tehtävälistat kannattaa järjestää. Tehokkainta on, jos ne ovat jollain lailla synkronoituja keskenään. Kun valitset seuraavista erilaisista paperinhallintatavoista itsellesi sopivimman tuntuista tai kehität jonkin aivan omanlaisesi järjestyksen, pidä samanaikaisesti mielessäsi myös työtehtäviesi tekeminen sekä tiedostot ja sähköposti.

Voit hyvin sekoittaa seuraavista tavoista itsellesi sopivan kokonaisuuden, mikäli se tuntuu parhaimmalta ratkaisulta. Voit esimerkiksi käyttää tiettyä lajittelusysteemiä tietyille projekteille, ja toista systeemiä muille työnkuvaasi kuuluville asioille.

Papereiden lajittelutapoja ovat esimerkiksi seuraavat:

1) SORTAL
2) Tekemisen mukaan
3) Muistutuskansio
4) Projektien mukaan

1) Papereiden lajittelu - SORTAL

Yksinkertaisin tapa järjestää paperit on *SORTAL-menetelmä*. Tässä menetelmässä sinulla on viisi paikkaa, joissa säilytät papereitasi. Lisäksi tärkeänä kuudentena apuvälineenä on roskakori eli paperinkeräysastia. Nämä säilytyspisteet ovat:

Saapuneet
Odottavat
Roskakori
Työn alla
Arkisto
Lähtevät

Jos työsi on melko rutiininomaista, eikä papereita ole kovin paljon, kannattaa kokeilla tätä papereiden organisointitapaa. Jos liian suuri määrä kategorioita erilaisille papereille tuntuu sekoittavan ajatuksiasi, kannattaa silloinkin kokeilla tätä tapaa. Jos sinulla on paljon pidempiaikaisia projekteja, lisää järjestelmään vielä **viiteaineistot** projektikohtaisesti. Jos huomaat, että jotakin paperi- tai tehtävälajia on paljon, perusta näille oma paikka. Jos sinulta kuluu aina paljon aikaa joidenkin tiettyjen papereiden etsimiseen, perusta oma piste myös näille papereille.

Kukin yllä mainituista säilytyspisteistä voi olla laatikko, mappi, kansio, muovitasku, kotelo, pino tai vaikkapa salkku. Tärkeää on, että nimeät nämä paikat ja teet niistä sen kokoisia, että niissä on aina vähintään 25 % tyhjää tilaa. Jos haluat käyttää jossakin kohtaa pinoa, rajaa pinolle alue vaikkapa teipeillä tai jollakin matalalla laatikolla ja nimeä myös se. Pinollakaan ei ole lupaa kasvaa yli rajojensa. Yli 15 senttimetriä korkeaa pinoa on jo hankala käsitellä.

Joissakin säilytyspisteissä voi olla myös esineitä. Valitse tällöin laatikko tai muu väline, jossa voit säilyttää hetkellisesti myös esineitä tai valitse esineiden säilytystä varten niille omat astiansa. Säilytysratkaisujen valinnassa sinun kannattaa pohtia muutamaa näkökulmaa säilyttämiseen. Onko sinusta kätevää vai häiritsevää, jos paperit ovat esillä? Laatikossa, mapissa ja riippukansiossa ne ovat piilossa, mutta pinossa, muovitaskussa ja kotelossa esillä. Mieti myös sitä, kuinka usein sinun tarvitsee jotakin näistä käyttää. Onko pääsyn oltava helppo vai onko säilyttäminen pidempiaikaista, jolloin säilytysvälineen laatu on erilainen? Mitkä ovat niitä paperiluokkia, joita tarvitset jatkuvasti työssäsi? Nämä kannattaa organisoida helppokäyttöisiksi.

Saapuneiden pisteeseen keräät kaiken alueellesi saapuvan postin. Tähän voit aluksi myös kerätä kaiken, jota et ole vielä ehtinyt käydä läpi ja raivata. Tärkeää on, että kun käyt käsiksi saapuneisiin, olet valmistautunut sekä henkisesti että ajallisesti. Kun otat jonkin paperin (tai esineen) käteesi, et saa enää palauttaa sitä saapuneiden pisteeseen, vaan se on siirrettävä eteenpäin johonkin muista kategorioista. Saapuneiden tyhjentämiselle kannattaa luoda rutiini. Riippuen työtehtävistäsi ja -päivästäsi, tyhjennä saapuneiden piste joko kerran päivässä tai useammin.

Odottavat kansioon sijoitat kaiken, joka ei vaadi sinulta juuri nyt toimenpiteitä, mutta jonkun muun toimintaa tarvitaan, jotta asia etenee. Esimerkiksi jos odotat päätöstä, soittoa, sähköpostia tai tilausvahvistusta, siirrä asiaan kuuluvat paperit odottavien joukkoon. Toisinaan on käytännöllisempää laittaa kyseinen paperi paperinkeräykseen ja siirtää tarvittava tieto tehtävälistalle tai muistikirjaan. Käy tämä piste säännöllisesti läpi, jotta voit tarpeen mukaan edistää asioita, jos niistä ei kuulu takaisin sinun suuntaasi.

Roskakorin eli paperinkeräysroskakorin on tärkeää sijaita sellaisessa paikassa, että sitä on helppo käyttää. Sen tyhjentämisestä tulee myös huolehtia. Aina kun käsittelet paperia, pidä yhtenä vaihtoehtona mielessä, että se saattaa kuulua paperinkeräykseen. Tässäkin vaiheessa kannattaa esittää itselleen kysymyksiä paperin sisältämään tietoon liittyen.

- *Tarvitsenko tätä tietoa jossakin tietyssä tilanteessa?*
- *Saanko tämän tiedon helposti muualta?*
- *Ehdinkö lukea tämän joskus?*
- *Pärjäisinkö ilman tätä tietoa?*
- *Voisinko vain siirtää paperista puhelinnumeron puhelimeni muistiin tai muistikirjaan?*
- *Mikä on pahin mitä voisi tapahtua, jos heitän tämän pois?*

Työn alla pino, kansio tms. on tärkeä työvälineesi, jonka käyttö vaikuttaa tehokkuuteesi. Kun otat tästä pinosta jonkin paperin, huolehdi, että et siirrä sitä eteenpäin, ennen kuin olet tehnyt sen vaatimat toimenpiteet. Jos sinulla on papereita, joiden osoittamat tehtävät vaativat pidemmän ajan, harkitse Työn alla -osion jaottelua kahteen tai useampaan osaan. Yhteen osaan tulevat ne tehtävät, joiden arvioit vievän aikaa alle puoli tuntia. Toiseen laitat pidemmän ajan vaativat tehtävät. Näin tiedät käytössäsi olevan ajan perusteella, kumpaa pinoa alat selvittää milläkin hetkellä. Jos Työn alla -osio alkaa kasvaa suureksi, harkitse tämän papereiden organisointitavan päivittämistä seuraavaksi esiteltyyn eli *tekemisen mukaan* toimivaan organisointitapaan.

Tarvitset myös **arkiston**. Se voi olla muuallakin kuin työpisteelläsi. Arkistoon kuuluvat ne paperit, jotka eivät vaadi enää toimenpiteitä. Jos sinulla on tapana säilyttää arkistoon kuuluvia papereita muistilappuina, harkitse näiden asioiden ja tehtävien kirjaamista mieluummin erilliselle lapulle tai muistikirjaan. Näin voit arkistoida paperisi, eivätkä ne jää lojumaan tai katoa niin helposti.

Viimeisenä tarvitset vielä **lähtevät** kansion. Tämän kannattaa olla näkyvillä, jotta voit aina työpisteeltä lähtiessäsi toimittaa siinä sijaitsevat paperit niille kuuluviin paikkoihin, kuten kollegoille, mukaan kokoukseen, postiin, kotiin jne.

2) Papereiden lajittelu - Tekemisen mukaan

Tämä organisointitapa on oikeastaan laajennus edellä esitellystä tavasta, jossa *Työn alla* -keräyspiste jaotellaan useammaksi erilliseksi luokaksi tehtävän vaatiman seuraavan toimenpiteen eli tekemisen mukaisesti. Edelleen mukana **ovat saapuneet, odottavat, roskakori, arkisto ja lähtevät** -kansio. Lisää mukaan myös **viiteaineisto eli käsikirjasto**.

Erota omaksi keräyspisteeksi **luettavat** materiaalit. Näiden on hyvä olla joko kokonaan tai osittain helposti mukaan otettavissa. Kun tiedät, että sinulla on jossain hyvää aikaa lukea ammattilehteä, artikkelia tai vaikkapa tutustua johonkin esitteeseen, nappaat vain pinosta osan mukaasi. Kun sinulla on erillinen keräyspiste kaikelle luettavalle materiaalille, huomaat helposti, jos olet kerännyt luettavaa enemmän kuin mihin sinun aikasi todellisuudessa voi koskaan riittää. Tällöin voit helpommin tehdä päätöksen joidenkin luettavien eliminoimiseksi. Voit esimerkiksi lopettaa jonkin lehden tilauksen.

Papereiden lajittelu tekemisen mukaan -tapa on tehokkain, jos käytät myös tehtävänhallinnassasi samaa logiikkaa. Ajatuksena on, että kaikki paperisi ja tehtäväsi ovat helposti löydettävissä aina sen hetkiseen tilanteeseen sopivan toiminnan mukaisesti. Jos sinulla on esimerkiksi soitettavien puhelujen paperipino (ja tehtävälista sekä mahdollisesti tiedosto ja sähköpostikansio), voit alkaa käydä tätä kategoriaa tehokkaasti läpi silloin, kun puheluiden soittoinspiraatio iskee ja aika ja paikka ovat sopivat.

Edellä mainittujen lisäksi voit perustaa kategoriat

- *soitettavat puhelut*
- *hoidettavat asiat*
- *kollegan kanssa keskusteltavat*
- *esimiehen kanssa keskusteltavat*
- *lähetettävät sähköpostit*
- *internetistä etsittävät tiedot*
- *arkistoon siirrettävät paperit*
- *tuhottavat paperit*
- *matka-asiakirjat*
- *kirjanpitoon kuuluvat paperit*
- *maksettavat laskut*
- *esitteet*
- jne.

Näihin pinoihin, kansioihin, mappeihin, laatikoihin tai muovitaskuihin voit lisätä myös irrallisia riittävän suuria muistilappuja, jotta sinä hetkenä, kun päätät vaikkapa pitää soittohetken ja soittaa kaikki puhelut pois alta, et unohda mitään tai ketään välistä. Tämän papereidenhallintasysteemin kanssa sopii oivallisesti tehtävälista, joka noudattelee samaa jaottelua. Paperikaaosta voit vähentää siirtämällä asian suoraan tehtävälistalle. Voit laittaa paperin suoraan paperinkeräykseen, mikäli se ei sisällä jatkotyöskentelyn kannalta tarpeellisia tietoja.

Kun mietit jokaisesta paperista sen vaatiman seuraavan toimenpiteen ja sijoitat paperin tai kirjaat tuon tehtävän oikeaan tekemisen mukaiseen kategoriaan, tehokkuutesi lisääntyy. Kun tiedät, mitä sinun tulee seuraavaksi tehdä jollekin asialle, on sen tekeminen jo oikeastaan aloitettu. Vertaa tätä systeemiä vaikkapa papereiden lajitteluun, jossa sinulla olisi esim. keskeneräiset tilaukset, asiakasreklamaatiot, raportit, matkat jne. Joutuisit miettimään mahdollisesti useaan kertaan, mitä millekin paperille teet ja kulutat näin arvokasta aikaasi. Tekemisen mukaan lajiteltuna tehtävät vain odottavat tekijäänsä ilman, että sinun tarvitsee käyttää aikaasi miettimiseen.

Jos sovellat samaa lajittelua myös tiedostoihin ja sähköpostikansioihin ja tehtävälistaasi, sinulle jää muistettavaksi enää katsoa jokainen paikka oikealla hetkellä. Kun olet kerännyt tehtävissä avuksi olevat tiedot paikkaan tai paikkoihin, josta löydät ne helposti, säästää se etsimiseen kuluvaa aikaa. Työskentelet tehokkaammin, kun voit niputtaa samanlaiset suoritukset yhteen ja näin niihin kuluttamasi kokonaisaika lyhenee.

Tehtävien lajitteluun ja oman toiminnan ohjaukseen tekemisen mukaan voit tutustua lisää kirjan luvussa *Tehtävälistat*.

3) Papereiden lajittelu – Muistutuskansio

Muistutuskansiot ovat hyvin yleinen tapa papereiden ja oman toiminnan ohjauksen hallinnassa mm. Yhdysvalloissa, mutta täällä Suomessa harva on kuullut tästä tavasta. Jos työsi on lähestulkoon kokonaan työpisteelläsi tapahtuvaa ja samalla rutiininomaista tai selkeitä deadlineja sisältävää, saattaa tämä tapa olla pelastuksesi. Mikäli pidät muistilapuista ja niiden kirjoittaminen on sinulle helppoa ja ominaista, kannattaa kokeilla tätä papereiden- ja tehtävienhallintatapaa. Muistutuskansio on oikeastaan ulkoinen käskyttäjä, jota tottelemalla voit luottaa siihen, että tehtäväsi tulevat hoidetuiksi. Sinun vastuullasi on vain sijoittaa kaikki paperisi ja tehtäväsi oikeana ajankohtana suoritettaviksi ja noudattaa muistutuskansion antamia käskyjä.

Muistutuskansioon sijoitat kaikki työn alla olevat, odottavat ja luettavat paperit ja tehtävät. Lisäksi tarvitset arkiston ja mahdollisesti viiteaineiston. Saapuneet ja lähtevät -kansiot saattavat myös olla avuksi.

Muistutuskansiojärjestelmässä sinulla on 43 kansiota. Ne voivat jälleen olla mitä tahansa muovitaskuista, riippukansioista, kirjekuorista ja avokoteloista pinoihin. Todennäköisimmin ensimmäisenä rajoittajana tulee vastaan tila. Pienessä tilassa litteät säilyttäjät (muovitaskut, riippukansiot ja kirjekuoret) ovat ainoita vaihtoehtoja.

Ideana on, että sinulla on kuluvan kuukauden päiville omat kansionsa eli 31 kansiota numerojärjestyksessä. Näiden jälkeen tulevat 12 kansiota, jotka ovat seuraavat kuukaudet. Nämä voivat olla joko kuukauden nimellä tai numerolla nimetyt. Nimeäminen on ehdottoman tärkeää.

Kunkin päiväkohtaisen kansion sisään laitat ne paperit tai muistilaput, joihin liittyvät tehtävät aiot kunakin päivänä suorittaa. Huomaa jättää vapaapäivien kansiot työasioista tyhjiksi. Seuraavien kuukausien tehtävät sijoitat seuraavien kuukausien kansioihin, joista kuluvan kuukauden lopussa lajittelet ne päiväkohtaisiin kansioihin.

Jos tehtävälistojen tekeminen ja työn suunnittelu on sinulle haasteellista, tuo tämä lajittelusysteemi siihen selkeän konkreettisen apuvälineen. Ajatuksesi pysyvät toiminnassasi mukana, kun joudut fyysisesti sijoittamaan tietyt tehtävät tietyille päiville. Jos sinulla on näiden tehtävien lisäksi joka päivä samanlaisina toistuvia tehtäviä, merkitse ne esimerkiksi lukujärjestykseen. Lukujärjestys sopii oivallisesti täydentämään tätä papereiden- ja tehtävien hallintatapaa. Lukujärjestyksen käyttöä pohditaan tarkemmin luvussa *Tehtävälistat*.

Muistutuskansioita käytettäessä kannattaa jokaisen viikon lopussa vilkaista seuraavan viikon kansioihin. Näin voit varautua tekemään muutoksia, mikäli jokin päivä näyttää mahdottomalta. Samoin edellisenä päivänä on hyvä vilkaista seuraavan päivän kansioon, jotta aamulla ei edessä ole ikäviä yllätyksiä.

Muistutuskansiojärjestelmä auttaa sinua ohjaamaan omaa toimintaasi. Aamulla kun saavut työpisteellesi, otat vain kansion esiin ja aloitat. Valitse, onko sinulle sopivampaa aloittaa pinon päällimmäisestä tehtävästä vai lajitteletko mieluummin päivän työt ensin esimerkiksi tärkeysjärjestykseen tai tehtävien mukaisesti. Jos tiedät, että saat kaikki tehdyksi, voit myös lajitella ne joko helpoimmasta vaikeimpaan tai toisinpäin. Kokeile kumpaakin, niin tiedät, mikä on sinulle positiivisin tapa.

Jotta mitään ei jäisi tekemättä, on tärkeää, että kaikki tehtävät tulevat sijoitetuksi kansioihin. Kun olet suorittanut päivän kansiosta jonkin tehtävän, muista sijoittaa kyseisen projektin mahdollisesti vaatima seuraava tehtävä sopivaan paikkaan muistutuskansiojärjestelmässäsi.

4) Papereiden lajittelu - Projektien mukaan

Oletko työssäsi tekemisissä usean projektin kanssa? Työskenteletkö yhden projektin parissa aina pidemmän jakson eli useampia tunteja tai päiviä kerrallaan ja muut projektit voivat odottaa? Kokeile tällöin projektien mukaan lajittelua. Projektien mukaan lajittelu sopii sinulle myös, jos työnkuvasi on sellainen, että voit syventyä yhteen aiheeseen keskeytyksettä pidemmän tovin, eivätkä erilaiset pikkuasioiden hoitamiset häiritse työtäsi.

Toki aina on lisäksi kätevää olla paikat **saapuneille** ja **lähteville** papereille ja tietenkin keräyspaperille. Todennäköisesti tarvitset myös jonkinlaisen **hoidettavien asioiden** keräyspisteen, jotta et unohda tehdä asioita, jotka eivät suoranaisesti liity juuri kyseiseen projektiin, mutta jotka on silti hoidettava lähiaikoina.

Jos lajittelet aineistosi projektien mukaan, voit jokaisen projektin sisällä lajitella aineistoa edelleen. Käyttökelpoisia lajeja ovat esimerkiksi viiteaineisto eli käsikirjasto, tiedonhankinta, tutkimustulokset, itse kirjoitetut aineistot ja yhteystiedot projektin muista osapuolista. Eri projektien aikataulut on hyvä olla näkyvillä, jotta jokin projekteista ei unohdu kokonaan.

Tehtävä 1

Mikä on sinun suosikkisäilytysvälineesi papereille?

Tehtävä 2

Mikä on sinun paperijärjestelmäsi tällä hetkellä?
Mikä siinä toimii?
Mikä ei toimi?

Arkistointi

Arkistointi on yleensä lain mukaan tehtävä toimenpide niin isommissa kuin pienemmissäkin yrityksissä. Organisaation arkistojen lisäksi sinulla saattaa olla oma henkilökohtainen arkistosi. Oli arkiston laatu ja suuruus minkälainen tahansa, kannattaa organisaatiolla olla arkistonmuodostussuunnitelma. Tässä suunnitelmassa ovat mietittyinä ja nimettyinä kaikki erilaiset arkistointia vaativat kategoriat, asiakirjojen säilytysmuodot ja säilytysjärjestys sekä säilytysaika ja arkistosta vastuulliset henkilöt.

Arkistoon eivät kuulu ne paperit, jotka ovat työn alla olevien tehtävien hoidossa vielä tarvittavia papereita. Myöskään viiteaineisto eli käsikirjasto ei kuulu arkistoon. Arkistoon tallennetaan vain yksi kappale kustakin asiakirjasta. Arkisto voi olla digitaalinen tai paperiarkisto. Suuri ja sekava arkisto kannattaa käydä läpi ja tarvittaessa perustaa uudelleen.

Oli arkisto järjestetty millä periaatteilla tahansa, olennaista on, että kaikki arkiston käyttäjät tietävät arkistoinnin ja sieltä etsimisen periaatteet. Arkistoa täytyy myös hoitaa eli huolehtia sen ajantasaisuudesta, jotta arkisto ei kasva liian suureksi.

Arkiston kategorioiden nimeäminen

Tehokkain tapa miettiä papereiden järjestystä on miettiä kategoriat käytön ja etsimisen näkökulmasta. Sijoita asiakirjat miettien miten ja mihin niitä tulevaisuudessa tarvitset ja käytät ja mistä niitä etsisit? Onko sinun helpompaa etsiä ja löytää esimerkiksi polkupyörän takuukuitti kategoriasta *Takuukuitit* vai *Polkupyörät*? Ja entä kun polkupyörä poistuu käytöstäsi, onko kätevämpää, että kaikki siihen liittyvät paperit ja mahdollisesti muut materiaalit ovat samassa paikassa, vai erikseen kohdissa *takuukuitit, käyttöoppaat ja huolto-ohjeet*. Kumpi tapa tuntuu sinusta paremmalta?

Onko arkiston käyttäminen sinulle helpompaa, kun kategoriat ovat yksilöityjä vai niputettuja kokonaisuuksia? Jos yksilöit asiakkaat ja tallennat kaikki asiakkaaseen liittyvät tiedot samaan paikkaan, löydät tiedot asiakkaan perusteella. Jos työssäsi tarvitset arkistosta tietoja kokonaisuuksina, kuten kaikkia tehtyjä tarjouksia esimerkiksi uusien tarjousten tekemistä varten, on kätevämpää tallentaa kaikki tarjoukset samaan paikkaan, asiakkaiden tiedot yhteen paikkaan ja toteutuneet tilaukset kolmanteen.

Tärkeintä on, että valitset vain yhden kategoriointiperiaatteen, jonka mukaan tallennat asiakirjoja arkistoon. Digitaalisten arkistojen kohdalla voi olla mahdollista merkitä yksi asiakirja useampaan kansioon eli kategoriaan, jolloin se löytyy helposti monta erilaista reittiä.

Nimeä kategoriat mahdollisimman selkeästi käyttäen substantiivia ensimmäisenä määreenä. Luo mahdollisimman laajat kategoriat. Esimerkiksi yllä mainitun kategorian *Polkupyörät* voisi myös sijoittaa laajempaan kategoriaan *Ajoneuvot*. Vältä adjektiiveja ja epämääräisiä aikamääreitä kategorioiden nimissä. Pelkkä *Ajoneuvot* on parempi nimi kuin Uudet ajoneuvot tai Tiedot ajoneuvoista. Voit myös harkita vain yhden kategorian, *Arkiston*, perustamista. Tällöin asiakirjojen nimeäminen ja sijoittaminen oikeaan kohtaan vaatii enemmän tarkkuutta.

Erilaiset tallennusperiaatteet

Useimmin käytetty tallennusperiaate arkistoinnissa on aakkosjärjestys, mutta joskus aikajärjestys on käyttökelpoisin. Tallennusperiaatteena voidaan käyttää myös indeksointia.

Aakkostaminen vaatii käyttäjältään tarkkuutta siinä, minkä sanan mukaisesti asiakirja tallennetaan eli mikä sana valitaan tallennettaessa ensimmäiseksi. Nimien ollessa kyseessä aakkostaminen toimii hyvin.

Aikajärjestykseen tallentaminen puolestaan toimii, mikäli tallennettavat asiakirjat ovat sisällöltään kovin samankaltaisia ja suurin erottava tekijä on laatimisajankohta tai muu ajallinen määre tai mikäli aikamääreen perusteella on helpointa löytää oikea dokumentti. Aikajärjestystä käyttäessäsi tallenna uusin asiakirja päällimmäiseksi.

Indeksoinnin periaatteena on luoda asiakirjalle numerokoodi, usein järjestysnumero, jonka mukaisesti asiakirja sijoittuu arkistoon. Erillinen ohjelmisto tai itse luotu sähköisessä muodossa oleva taulukko määrittelevät numerokoodin, jonka mukaisesti asiakirja tallennetaan arkistoon. Samassa yhteydessä kirjatut hakusanat auttavat asiakirjan löytämisessä. Etsiminen tapahtuu kirjoittamalla hakusanoja, joiden perusteella ohjelma tai taulukko löytää etsityn asiakirjan numerokoodin, joka ilmoittaa sen sijainnin arkistossa. Hakusanat voisivat olla: Helkama, polkupyörä ja takuukuitti, jolloin ohjelma ilmoittaa asiakirjan numeroksi esimerkiksi 256.

Tehtävä 1

Löytyykö arkistostasi omituisesti nimettyjä kansioita?
Löytäisikö kollegasi arkistostasi etsimänsä?

Tiedostot

Digitaalisen materiaalin säilyttäminen on helppoa ja sen raivaaminen sekä järjestäminen helpompaa kuin fyysisen materiaalin. Jos et ole varma tai et saa kunnon ohjeita digitaalisen materiaalin arkistoinnista ja säilyttämisestä, voit yksinkertaisesti siirtää kaikki oman työsi kannalta tarpeettomat tiedostot pois tieltä. Siirrä väliaikaiseen varastoon työntekoasi häiritsemästä kaikki, josta et uskalla luopua tai jota et uskalla tuhota. Nimeä kansio selkeästi esimerkiksi *Tuhottavat, Poistettavat, Arkistojen arkisto* tai *Tarvitaanko näitä*. Tämän kansion voit tuhota vuoden tai parin päästä, kun toteat, että kukaan ei ole sieltä mitään kaivannut.

Koska tallentaminen digitaaliseen muotoon on helppoa, ajaudumme usein ojasta allikkoon. Pöydällä olevien paperikasojen ja -vuorien sijaan meille saattaa olla kertynyt täysi kovalevyllinen tiedostoja. Näiden joukossa saattaa olla paljonkin turhaa. Samoin kuin ajelehtivista papereista 80 % on todennäköisesti roskaa, pätee tallennettujen tiedostojen suhteen sama sääntö. Tiedosto, jonka sisällöstä ja sijainnista sinulla ei ole aavistustakaan, on käyttökelvoton.

Tiedostojen tallentamisessa on viisi tärkeää toimintaperiaatetta, joita kannattaa noudattaa. Nämä ovat:

1) Varmuuskopiointi
2) Vain uusimman version säilyttäminen
3) Tiedoston kuvaava nimeäminen
4) Käyttökelpoinen kansiorakenne
5) Tiedostojen ja kansioiden käyttäjien tiedostaminen

1) Varmuuskopiointi

Tiedostoa tallennettaessa kannattaa tavoitella vain uusimman version säilyttämistä. Siksi siitä on tärkeää olla myös varmuuskopio, jotta tärkeät tiedot säilyvät, vaikka toinen tiedostoista tuhoutuisi. Useissa yrityksissä tiedostoista otetaan varmuuskopiot automaattisesti tietyin väliajoin. Jos näin ei ole, täytyy sinun itse huolehtia, että tiedostostasi on varmuuskopio, mikäli tiedoston tuhoutuminen olisi haitallista. Varmuuskopioinnin motivaationa voi pitää sanontaa: *"Ei ole kyse siitä, hajoaako kovalevy, vaan siitä milloin se hajoaa."* Varmuuskopiot voit luoda ulkoiselle kovalevylle tai jollekin etäpalvelimelle, joista osa on maksullisia ja osa maksuttomia.

2) Vain uusimman version säilyttäminen

Kun varmuuskopiointi toimii hyvin, et tarvitse kuin viimeisimmän version tiedostosta. Useampi versio lähes samalla sisällöllä on yleensä pelkästään haitaksi, etenkin jos ne sijaitsevat eri paikoissa tai ne on nimetty eri tavoin. Aiemmissa versioissa on tuskin koskaan mitään sellaista tietoa, jota tulisit myöhemmin tarvitsemaan. Olethan jostain syystä jo tehnyt uudemman version.

Vain uusimman tiedoston säilyttämisestä on useita hyötyjä:

A) Kaaos kovalevyllä ja muissa tallennuspaikoissa vähenee.
B) Tiedät aina, että käsittelemäsi versio tiedostosta on oikea ja uusin.
C) Et tallenna vahingossa vanhoja tietoja uudempien päälle.
D) Tiedostojen etsiminen on helpompaa.

Joskus sinun saattaa jostain syystä olla pakko tallentaa jokainen versio, esimerkiksi myöhempää dokumentointia varten. Huolehdi silloin ainakin siitä, että kaikki tiedostot ovat samassa kansiossa ja että ne on nimetty loogisesti, jolloin sekaannuksia ei voi sattua. Työtäsi helpottavaa voi myös olla, jos sinulla on oma kansio uusimmille vielä muokattaville versioille ja vanhat tiedostot ovat omassa arkistossaan.

Toinen syy pitää samasta tiedostosta useampaa versioita on se, että tiedostosi on erittäin suuri. Tällöin sen tallentamisessa tapahtuva virhe voi johtaa koko tietokoneen jumiutumiseen ja koko suuri tiedosto voi tuhoutua. Tällöinkin ajoissa tehty varmuuskopiointi yleensä pelastaa tilanteesta suurimman osan. Näistä suurista tiedostoista kannattaa tallentaa kaksi viimeisintä versiota. Uusimman voi nimetä aina juoksevalla seuraavalla numerolla, esimerkiksi *Toimintakertomus_Uudenmaan pyörä_2013_ versio_7.*

3) Tiedoston nimeäminen

Tiedostojen selkeä ja kuvaileva nimeäminen on tärkeää. Nimeäminen voi tuntua vaikealta, jos sitä ei ole harjoitellut ja pohtinut. Papereiden kanssa emme ole tottuneet samanlaiseen nimeämisen miettimiseen. Tiedostojen nimen voi nykyisillä tiedontallennusvälineillä kuitenkin nimetä lähes rajattomilla tavoilla. Enää ei tarvitse rajoittaa merkkien määrää esimerkiksi kahdeksaan. Mitä informatiivisempi tiedoston nimi on, sitä helpompi sitä on käsitellä ja sitä helpompi se on löytää.

Nimeämistä helpottaa, kun jokaisen tiedoston kohdalla ajattelet tiedoston etsimistä ja löytämistä myöhemmin. Voit kysyä itseltäsi, millä otsikolla kuka tahansa voisi tiedoston myöhemmin löytää missä tahansa tilanteessa. Mieti myös, ymmärtääkö tiedoston nimestä sisällön ja käyttötarkoituksen, jos se on irrotettu tallennuskansioista muualle, esimerkiksi sähköpostin liitteeksi.

Otetaan esimerkkinä hallituksen kokouksen pöytäkirja. *Kok.pöytäkirja 8.doc* ei ole vielä kovinkaan informatiivinen ja voi sekaantua monen asiakirjan kanssa. *Hallituksen kokouspöytäkirja 8_2013.doc* on jo vähän parempi, mutta vieläkin kansiostaan irrallaan vaikea hahmottaa. *Uudenmaan pyörä_hallituksen kokouksen pöytäkirja_13_8_2013.doc* on jo hyvin informatiivinen. Joskus on tarpeellista vielä tehdä muutos, jonka avulla tiedoston muista samankaltaisista asiakirjoista erottava määre on ensimmäisenä: *2013_08_13_Hallituksen kokouksen pöytäkirja_Uuden-maan pyörä.doc*.

Huom!

Jos nimeät tiedostoja uudelleen niitä järjestäessäsi, huolehdi ehdottomasti, että tiedostonimen tarkennin pysyy samana. Tarkennin on pisteen perässä oleva kirjainyhdistelmä, jonka avulla tietokoneen ohjelmat tunnistavat tiedoston laadun. Näitä ovat mm. doc, jpg, xls tai pdf.

4) Käyttökelpoinen kansiorakenne

Lähtökohtaisesti tiedostoja ei kannata sijoitella ympäri tietokonetta. Asiakirjat on helpompi löytää, jos niitä voi lähteä etsimään vain yhtä polkua pitkin. Myös jos itse olet vastuussa varmuuskopioinnista, on paljon helpompi kopioida vaikkapa ulkoiselle kovalevylle yksi pääkansio, jonka alla kaikki tiedostot ovat. Näin tiedostoja on selkeästi helpompi hallita.

Sinulla on kaksi vaihtoehtoa kansioiden määrälle:

A) Useita kansioita
B) Vain yksi kansio

A) Useita kansioita

Useimmin käytetty vaihtoehto on, että sinulla on jokaiselle projektille, asialle tai tehtävälle oma kansionsa suoraan juurihakemiston eli pääkansion alla. Tällainen oma juurihakemistosi löytyy todennäköisesti joko joltakin asemalta C, D, O, H tai jokin muu, mikä yrityksessäsi on käytössä. Jos itse hallinnoit koko konettasi, on sinulla todennäköisesti jossakin *Omat Tiedostot*-kansio, *Käyttäjä*-kansio tai *Tiedostot*-kansio. Se sijaitsee Windows-ympäristössä usein C-asemalla. Useimmiten valmiina on jonkinlainen Tiedosto-kansio, mutta voit toki muokata sitä tai luoda uuden sellaiseen paikkaan ja sellaisella nimellä, että se on sinun käytössäsi kätevin.

Mac-ympäristössä Omat tiedostot ei yleensä ole oma kansio, vaan linkkikokoelma tiedostoista, jotka sijaitsevat kansioissa. Jos tämä haittaa toimintaasi, voit ottaa Omat tiedostot –kansion toiminnan pois päältä *Finderin* asetuksissa.

Jos luot useita kansioita, mieti ensin, mitkä ovat pääkansiot. Näitä ei kannata olla liian monta. Pääkansioita voi luoda monella eri periaatteella. Moni tallentaa tiedostoja ajatuksenaan säilyttäminen. Tämä onkin hyvä periaate, mikäli kyseessä on arkisto, joka pysyy staattisena ja johon tiedostoja tallennetaan systemaattisesti tiettyjen periaatteiden mukaisesti, mutta asiakirjoihin palataan vain hyvin harvoin. Arkistoinnin periaatteista voit lukea enemmän luvusta *Arkisto*.

Jos tallennetut tiedostot ovat sellaisia, että joudut palaamaan niihin usein, kannattaa kansiorakennetta luodessa miettiä etsimistä pikemminkin kuin tallentamista. Tämä täytyy ottaa huomioon ennen kaikkea tiedostojen nimissä, mutta myös kansiorakenteen kannattaa olla etsimistä ja tiedostojen käyttötarkoitusta ajatellen muodostettu.

Otetaan esimerkiksi materiaali tai muistiinpanot, jotka olet ajankäytönhallinnan koulutuspäivän yhteydessä saanut tai tehnyt itsellesi. Jos tallennat nämä kohtaan *Koulutukset*, on tallentaminen toki helppoa, mutta ne saattavat jäädä tuohon kansioon ikuisiksi ajoiksi, etkä koskaan tule niitä enää katsoneeksi. Jos taas tallennat nuo tiedostot niiden käyttöä ajatellen vaikkapa kansioon *Luettavaa*, jonka sisältöä otat tavaksi lukea jonain tiettynä hetkenä viikosta, on muistiinpanoistasi sinulle varmasti enemmän hyötyä. Jos tallennat muistiinpanot kansioon *Tehtävälistat*, on tiedosto näkyvillä sinulle aina, kun katsot tehtävälistojasi. Näin voit aina tarvittaessa katsoa muistiinpanoista lisää vinkkejä itsellesi.

Jos olet tallentamassa esimerkiksi tilastoja raportin kirjoittamista varten, mieti onko käytettävyyden kannalta suotuisampaa tallentaa tilasto kansioon Tilastot, vai kenties kansioon *Materiaalia x-raporttia varten*.

Kansioiden ei tarvitse olla staattisia, voit luoda ja poistaa niitä helposti, joten tätä ominaisuutta kannattaa käyttää hyödyksi. Kansiorakenteen muutamat yläkansiot kannattaa muodostaa ja nimetä huolella, jotta niiden alle on helppo sijoittaa muita kansioita.

Voit myös ajatella kansiota aivan uudesta näkökulmasta. Voit esimerkiksi luoda projektille alakansiot *Valmiit* ja *Muokattavat*. Kun projekti on loppuun suoritettu, on sinun helppo poistaa koko kansio *Muokattavat*, kunhan muistat aina siirtää valmiit tiedostot kansioon *Valmiit*.

Olemme monesti perinteisten kansiorakenteiden orjia, emmekä kyseenalaista niitä. Voit ajatella kansioita ja niissä sijaitsevia tiedostoja myös tehtävälistan tavoin. Sinulla voi olla kansiot *Saapuneet, Työn alla, Arkisto* ja *Lähtevät*. Hienoa olisi, jos saisit kansiosi toimimaan siten, että ne olisivat työn apuvälineitä, eivätkä pelkästään tallennuspaikkoja.

Mikäli päädyt tehtävälistatyyppiseen kansiorakenteeseen, muista tiedostoa tallentaessasi miettiä tallennuspaikkaa tavallista huolellisemmin. Onko tarpeen siirtää tiedosto toiseen kansioon? Vai onko kenties aika päivittää kansiorakennetta? Koska kansioita ja tiedostoja on helppo siirtää, kannattaa tätä toimintoa käyttää hyödyksi. Tietokoneelle ei kannata luoda kansiorakennetta, jonka ajattelee säilyvän ikuisesti. Tehokkaampaa on käyttää jokunen minuutti riittävän usein kansiorakenteen muokkaukseen. Vähintään silloin, kun huomaat, että sinun on vaikea löytää oikeaa kansiota, josta etsiä tiedostoa, kannattaa pysähtyä hetkeksi miettimään, olisiko kansiorakennetta tai kansioiden määrää syytä muuttaa.

B) *Vain yksi kansio*

Toinen vaihtoehto kansiorakenteen luomiseen on, että sinulla on vain tuo yksi kansio, jonka alla kaikki tallentamasi tiedostot ovat. Tätä sijoittelutapaa voit käyttää, mikäli olet itse ainoa käyttäjä, mikäli tiedostojen nimeämissysteemisi on hyvä ja koet, että etsi-toiminnolla etsiminen on paras tapa löytää oikea tiedosto nopeasti. Jos sinulla on yhdessä ainoassa kansiossa kaikki tiedostosi, saatat kokea, että hallitset ne parhaiten. Toisaalta, jos pitkä lista tiedostonimiä ja etsimis-toimintojen käyttö tuntuu hankalalta, tunnet todennäköisesti hallitsevasi paremmin kansiorakenteen, jossa kansioita on useita.

5) Tiedostojen ja kansioiden käyttäjien tiedostaminen

Lähetämme monesti sähköpostilla tiedostoja, joiden viimeisimmästä versiosta emme lopulta ole varmoja. Jos tiedoston muokkaukseen osallistuu monia ihmisiä, kannattaa miettiä tiedostojen sijoittamista yhteisesti saataville, jotta niitä ei tarvitse lähettää sähköpostilla. Näitä etäpalvelimia ja jaettuja levyasemia onkin useimmilla jo käytössään, ja niitä kannattaa opetella käyttämään. Pelisäännöt nimeämisestä kannattaa sopia selkeiksi. Vain yhden version tallentaminen on suotavaa, etenkin kun useimmissa ohjelmissa on helppoa merkitä ja jäljittää tiedostoon tehtyjä muutoksia.

Kaiken kaikkiaan tiedostoa tallennettaessa kannattaa tallentamisen hetkellä miettiä perusteellisesti, miten tiedosto tulee oikealla nimellä, oikeaan paikkaan, oikeana versiona ja oikeiden henkilöiden saataville.

Tiedostojen raivaus

Tiedostojen raivaus voi olla joko hidasta tai nopeaa. Ennen kaikkea nopeus riippuu sinun kyvystäsi tehdä päätöksiä. Lähtötilanne eli tiedostojesi ja kansioidesi määrä, laatu sekä sijainti vaikuttavat toki myös.

Raivaus kannattaa aloittaa tarkastelemalla nykyistä kansiorakennettasi. Missä kaikkialla sinulla on tiedostoja? Onko niitä liian monessa paikassa? Ovatko ne loogisesti vai epäloogisesti? Mitä tiedostoja on aina vaikea löytää? Mitkä tiedostot löydät helposti?

Jos sinulle on kertynyt suuri määrä erilaisia kansioita, hyvä vaihtoehto on aloittaa luomalla kokonaan uudet tarpeen mukaiset kansiot. Hahmottele vaikka paperille kaikki ne kokonaisuudet, joita työssäsi on. Jos käytät lähtökohtana samaa lajittelua, kuin paperiesi järjestyksessä, saatat päästä helpommalla.

Jos sinulla on ylimpänä kansiona hakemistossasi esimerkiksi *Oma nimesi* tai vaikkapa *Tiedostot*, ei sen alla kannata olla liian paljon kansioita. Mieti mikä on pienin määrä kansioita, jolla pärjäisit tuolla tasolla parhaiten. Kun olet päättänyt kansioiden määrän ja aiheet, luo nämä kansiot. Siirrä vanhoja kansioita tai pelkkiä tiedostoja kansioista uusien kansioiden alle. Kun olet sijoittanut kaikki tiedostot uudelleen, on aika käydä ne läpi.

Aloita jostakin kansioista ja laita siinä sijaitsevat tiedostot aikajärjestykseen. Poista nyt ne tiedostot, jotka ovat selkeästi vanhoja versioita. Jos et uskalla poistaa näitä, luo väliaikainen kansio, johon siirrät ne pois häiritsemästä. Kun raivaat tiedostoja, ota tiedosto joko auki, tai jos tiedät sisällön, klikkaa tiedostoa kerran, jotta voit kohdentaa siihen katseesi ja ajatuksesi. Tämä vaihe voi viedä hieman aikaa, mikäli tiedostosi ovat heikosti nimetyt, sillä saatat joutua availemaan tiedostoja. Useimmiten, jos joudut avaamaan tässä vaiheessa tiedoston, on tiedosto suuremmalla todennäköisyydellä turha kuin tarpeellinen.

Älä lähde muokkaamaan tiedostoa tai lähettämään sähköpostia, ellet ole etukäteen varautunut ja valmistautunut hoitamaan pikaisesti myös esimerkiksi alle kaksi minuuttia kestävät raivattavien tiedostojen vaatimat eteen tulevat tehtävät.

Kun käyt tiedostoja läpi, nimeä niitä uudelleen riittävän selkeästi. Näin sinun ei seuraavalla kerralla tarvitse avata tiedostoa, vaan näet heti päältä päin, mitä tiedosto sisältää. Muista tiedostoja uudelleen nimetessäsi jättää tiedoston tunniste samaksi. Esimerkiksi .doc on .doc, eikä mitään muuta, muuten tietokone ei voi enää avata tiedostoa. Useimpiin tiedostoihin voit myös kirjoittaa avainsanoja, tunnisteita tai muita merkintöjä, jotka näkyvät tiedoston nimen lisäksi tiedostojenhallinnassa.

Jos sinulla on suuri määrä tiedostoja ja tiedät, että niistä suurinta osaa et varsinaisesti tarvitse, voit siirtää kaikki yhden kansion alle arkistoon. Sen jälkeen perustat uuden kansiorakenteen, johon tuot tiedostoja vanhojen joukosta sitä mukaa, kun niitä käytät. Uudet tiedostot tietenkin tallennat uuteen kansiorakenteeseen ajatuksella ja pidät tiedostosi järjestyksessä. Muista myös tuhota vanhentuneet tiedostot ajoissa.

Tehtävä 1

Mieti, mitkä ovat kaksi viimeisintä tallentamaasi tiedostoa.
Nimesitkö ne kuvaavasti?
Mikä olisi ollut paras nimi tiedostoille?
Tallensitko ne käyttökelpoiseen paikkaan?
Olisiko jokin muu vaikkapa täysin uudenlainen kansio ollut parempi käytettävyyden kannalta?

Etätyö ja liikkuva työ

Nykyään yhä useamman työhön kuuluu matkustamista tai monipaikkaista työtä. Työtä tehdään jopa suurin osa ajasta muualla kuin oman työpisteen ääressä. Omaa työhuonetta tai työpistettäkään ei välttämättä enää ole. Miten selvitä monipaikkaisen työn aiheuttamasta kaaoksesta tai epämiellyttävästä tunteesta, että tarvittava välineistö, paperit tai kuitit ovat aina väärässä paikassa, hukassa tai vaarassa joutua kadoksiin?

Kun liikut työssäsi paikasta toiseen, kannattaa ensimmäiseksi tavoitteeksi ottaa mahdollisimman kevyet kantamukset. Digitaaliset tallennusvälineet vähentävät mukana kuljetettavan paperin määrää. Pilvipalveluihin tallentaminen ja pilvipalveluina olevien ohjelmien käyttö vähentää jopa tarvetta kuljettaa kannettavaa tietokonetta mukana.

Salkkuihin ja laukkuihin kertyy helposti ylimääräistä painoa. Poista kaikki tarpeeton ja mieti, miten tavarasi ja paperisi sijoitat. Harkitse erilaisia säilytysratkaisuja, jos joudut jatkuvasti penkomaan sekavan kantamuksen sisältöä. Järjestä laukkusi sisältö, jotta tiedät, miltä sen tulisi näyttää jokapäiväisen tai jokaviikkoisen siivouksen jälkeen. Ota tavaksesi käydä laukkusi tai salkkusi sisältö läpi ja poistaa tarpeeton säännöllisesti. Liikkeellä ollessamme keräämme paljon roskaa ja muualle kuuluvaa kantamuksiimme.

Vailla omaa työpistettä

Jos sinulla ei ole omaa työpistettä, olet toisaalta onnellisessa asemassa, sillä sinulla ei voi olla myöskään liikaa tavaraa ja paperia hallittavanasi. Jos olet menettämässä oman työpisteen tai työhuoneen, on edessäsi todennäköisesti suurempi raivausurakka, jossa sinun pitäisi päästä eroon suuresta määrästä fyysistä työomaisuuttasi.

Mikäli organisaation suunnalta on tullut käsky vähentää fyysisen materiaalin määrää, voit sen huoletta tehdä. Nauti tuon prosessin jälkeisestä vapauden tunteesta. Huolehdi kuitenkin, että saat organisaatiolta riittävän hyvät ohjeet mm. asiakirjojen, kirjojen ja muiden julkaisujen säilyttämisestä. Näin raivausprosessistasi ei tule kohtuuton.

Jos työskentelet jaetulla työpisteellä, on ehdottoman tärkeää, että yhteiset säännöt tavaroiden sijoittelusta on sovittu ja säilytyspaikat nimetty. Vaikka sinulla olisi vain vähän työomaisuutta, kannattaa senkin olla sinulle sopivassa ja käyttökelpoisessa järjestyksessä. Tässä tapauksessa voit käyttää ärsytyskynnyksen ylittymistä mittarina toimimattomista ratkaisuista, joihin kannattaa tietysti mahdollisuuksien mukaan tehdä korjauksia.

Tavarat ja välineet

Jos työsi vaatii erilaisia työkaluja, olivat ne sitten jakoavaimia, kyniä, tulostimia, teippiä tai mitä tahansa, niin on varmasti kätevintä, että sinulla on ne mukanasi. Jos nämä esineet ovat sellaisia, joita tarvitset sekä liikkeellä ollessasi että varsinaisen työpisteesi lähistöllä, kannattaa hankkia tuplamäärä kyseisiä esineitä. Näin voit kuljettaa mukanasi pientä toimistoa, ja toisaalta samat välineet ovat myös työpisteelläsi, eikä sinun tarvitse purkaa ja pakata jatkuvasti.

Jos liikut toisinaan työpisteesi ulkopuolelle ja tarvitset tiettyjä välineitä mukaasi, on järkevää laatia lista mukaan otettavista tarvikkeista. Omaa muistia on turha kuormittaa tällaisella tiedolla. Pakkaaminen käy myös yleensä nopeammin listan avulla.

Liikkuvaan työhön on olemassa monia apuvälineitä, kuten pieniä tulostimia, skannereita, erilaisia sovellusohjelmia, liikkuvaksi toimistoksi sopivia salkkuja ja järjestyksen ylläpitäjiä laukun sisäosiin sijoitettaviksi. Matkalla käytettävä skanneri voi olla kätevä, jos alkuperäisiä papereita ei tarvitse säilyttää tai jos arkistoit ne myöhemmin, mutta tarvitset tietoja usein eri paikoissa.

Matkustaminen

Jos matkustat paljon yön yli työmatkoja, helpottaa elämääsi, kun sinulla on matkustamista varten valmiina jopa matkalaukku pakattuna. Matkalaskuja varten tarvittavia kuitteja kannattaa kerätä yhteen paikkaan, vaikkapa litteään penaaliin tai umpinaiseen muovitaskuun, josta ne eivät joudu kadoksiin ja jota on helppo kuljettaa mukana. Jokaisen matkan kuitit kannattaa niputtaa ja tehdä matkalasku mahdollisimman pian.

Matkalaskua varten kuitit voi helposti myös kuvata ja skannata erilaisilla välineillä, kuten taulutietokoneella, puhelimella tai matkaskannerilla. Jos kuitenkin alkuperäiset kuitit tarvitaan joka tapauksessa, ei sähköisestä tallentamisesta ole välttämättä hyötyä.

Matkalla kannattaa käyttää aika itselle hyödyllisesti. Jollekin nukkuminen tai viihteen kuluttaminen on hyödyllisintä ajanvietettä. Toiselle matkat ovat parasta aikaa keskittyä esimerkiksi ammattikirjallisuuden tai artikkelien lukemiseen. Mieti ennen matkalle lähtöä, mitä papereita tai tiedostoja tarvitset mukaasi, jotta voit esimerkiksi lentokoneessa käyttää ajan hyödyksesi.

Paperit ja tiedostot

Todennäköisesti tarvitset liikkuessasi joitakin sopimuspapereita tai lomakkeita esimerkiksi asiakkaita varten. Näitä liikkuvan työn aikana tarvittavia ja syntyviä papereita varten kannattaa olla jokin kannettava väline, salkku tai vaikkapa laatikko auton tavaratilassa. Kerää siihen esimerkiksi viikon ajalta kaikki mahdollinen arkistoitava tai työpisteellä jatkokäsittelyä vaativa materiaali. Tyhjennä tämä keräyspiste viikon lopulla. Paperit pysyvät tallessa eikä niitä kerry liikaa. Jos skannaat liikkeellä ollessasi papereitasi, muista joko hävittää paperiversiot lojumasta tai laita paperit omaan paikkaansa odottamaan arkistointia.

Tiedostot kulkevat kannettavan tietokoneen mukana, mutta varmuuskopiointi on tällöin erittäin tärkeää. Pilvipalvelut ovat tähän kätevä vaihtoehto, jolloin pääset tiedostoihin käsiksi myös muilta koneilta kuin omaltasi. Esityksiä voi tallentaa pilveen ja jopa esittää sitä kautta, jolloin et tarvitse edes muistitikkua mukaasi. Toki tekniikan pettämisen varalta kannattaa olla aina jokin varasuunnitelma.

Ravinto ja liikunta

Jos työsi on kovin liikkuvaa ja epäsäännöllistä, kannattaa muistaa pitää mukanaan jotakin helppoa syötävää ja vettä. Energiavajeen vaikutus työtehoon on tutkitusti suuri. Ruokailulle kannattaa löytää aikaa ja säännöllinen ruokarytmi on yleensä epäsäännöllistä parempi. Liian pitkät ateriavälit johtavat aterian jälkeiseen väsymykseen, mikä laskee työtehoasi, puhumattakaan ennen ateriaa vaikuttaneesta energiavajeesta. Tiesitkö, että energiatasosi laskiessa elimistösi alkaa käyttää hätäravintona lihasmassan sisältämiä ravintoaineita ennen rasvavaraston kimppuun käymistä?

Jos päiväsi venyvät liikkuvan tai epäsäännöllisen työn vuoksi, kannattaa päivän keskelle suunnitella liikunta- tai muita rentoutumismahdollisuuksia. Toisella paikkakunnalla kokouksen alkamisen odottaminen sujuu kätevästi kävellen tai rauhallisella lounaalla. Lehden tai kirjan lukemista varten löytyy varmasti jokin rauhallinen sisätila, jossa voit pysähtyä hetkeksi.

Jos työsi on monipaikkaista, mutta melko säännöllistä, kannattaa miettiä, olisiko matkojen varrella jokin sopiva liikuntaharrastukseen sopiva paikka, kuten kuntosali, jossa voisit vakituisesti käydä virkistymässä. Pimeänä vuodenaikana keskellä päivää ulkoilu ja etenkin ulkoliikunta tuo lisää työtehokkuutta päivääsi.

Tehtävä 1

Mitä kaikkea tarpeetonta kannat mukanasi?
Voisitko luopua niistä?

OSIO V
KIIREESTÄ TEHOKKUUTEEN

Tehokas vai tuottava työnteko?

Työn tehokkuuden mittarina toimivat työn tulokset. Tehokkaaksi työntekijäksi nimitetään toisinaan virheellisesti henkilöä, joka on jatkuvasti työn touhussa ja näyttää ulospäin tehokkaalta. Toisaalta muiden silmiin tehottomalta näyttävä työntekijä saattaa tehdä yrityksessä kaikkein tuottavinta työtä. Ulospäin näkyvä tehokkuus tai tehottomuus ei kerro totuutta työn tuottavuudesta. Tehokkuuden sijaan tulisi seurata työn tuloksia eli tuottavuutta.

Työtapa on jokin periaate tai toimintatapa, jota toteuttamalla työntekijä saa omat työtehtävänsä tehdyksi. Tehokkaan työtavan tunnistaa siitä, että se aikaan saa enemmän ja tärkeämpiä tuloksia. Tehokas työtapa voi olla jämäkkä tapa viestiä sähköpostilla, moniulotteinen tehtävälista, turhien työvaiheiden karsiminen tai riittävien ajatustaukojen pitäminen. Työtapoja ovat kaikki ne tavat, jotka vastaavat kysymykseen miten teet työtäsi? Miten vastaat sähköpostiin, miten varmistat, että tärkeät tehtävät tulevat hoidetuksi ajallaan, miten tauotat työtäsi tai miten tallennat ja etsit tiedostojasi?

Tehottomat ja etenkin itselle sopimattomat työtavat vähentävät työn tuottavuutta. Itselle ja tilanteeseen sekä työtehtävään sopivat työtavat puolestaan parantavat tuloksia ja lisäävät siis todellista tehokkuuttasi. Tehottomista työtavoista ei tarvitse erikseen luopua, riittää, että opettelet ja omaksut niiden tilalle uusia, tuottavampia tapoja.

Tehtävä 1

Onko sinulla joitakin kiirettä aiheuttavia tehtäviä, joista voisit yhtä hyvin luopua?
Mikä on tehottomin työtapasi, josta aiheutuu kiirettä?

Oman toiminnan ohjaaminen

Mikä meitä ohjaa tekemään asioita? Joskus meitä ohjaa pakko, harvemmin mikään korkeampi voima. Useimmiten omat ajatuksemme ja niiden perusteella tehdyt päätöksemme ovat tärkein omaa toimintaamme ohjaava voima.

Miksi emme saa itseämme suorittamaan jotain tehtävää, vaikka tiedämme että, se pitäisi saada tehtyä? Syitä on useita. Yksikin syy voi saada meidät lykkäämään tärkeintä tehtäväämme, mutta useimmiten näitä syitä on monta samanaikaisesti.

Mitä useammin ajattelemme jonkin tehtävän suorittamista tai suorittamattomuutta, mutta emme tee mitään hoitaaksemme tuon tehtävän, sitä enemmän tekemätön työ meitä ahdistaa ja sitä vaikeammaksi sen aloittaminen tulee.

Yleisimmät syyt siirtää tehtävien tekemisen aloittamista eli syyt lykkäämiseen ovat:

1) Asia, joka meidän pitäisi suorittaa, tuntuu liian suurelta, hankalalta, vaativalta, pelottavalta tai ylitsepääsemättömältä. Usein olemme vältelleet tätä tehtävää jo pidempään ja ajan kuluessa se muuttuu suuremmaksi ja pelottavammaksi.

2) Aloitamme mieluiten mukavista ja helpoista asioista, jotka monesti ovat tarpeettomia suorittaa lainkaan ainakaan juuri siinä hetkessä. Tästä esimerkkinä Facebook-sovelluksen avaaminen ja päivitysten vilkaiseminen ennen työtehtävään käsiksi käymistä. Tämän jälkeen meillä ei ole joko aikaa tai energiaa suorittaa enää sitä tärkeää, lykkäämäämme tehtävää.

3) Emme muista, kuinka hyvältä tuntuu, kun saa jonkin vaativamman tehtävän tai vaikka pienemmänkin asian hoidettua.

4) Emme osaa riittävän nopeasti ja sujuvasti valita tiettyyn tilanteeseen ja ajankohtaan sopivaa tehtävää suoritettavaksi ja aikamme kuluu pohtiessa: "Mitä nyt tekisin?"

5) Edellisten lisäksi meiltä puuttuu käsitys aikataulusta tai suunnitelma, jonka mukaan tehtävä tai tehtäviä tulisi hoitaa.

Mietitään nyt asiaa toisin päin. Milloin asioita saadaan hoidettua tehokkaasti? Silloin kun on kiire tai pakko, eli meillä on oikeasti joku määräaika, jota emme voi ylittää. Jos saamme tehtävän, jonka on oltava tehtynä tunnin päästä, saamme tehtävän todennäköisesti suoritettua määräajassa, jopa nopeammin.

Tehtävän tekemistä loppuun asti edesauttaa myös, kun meillä on selkeästi edessämme tehtävä, siihen tarvittavat välineet sekä ajatus siitä, mitä tulee tehdä ensimmäiseksi. Esimerkkinä tähän käy huonekalun kokoaminen. Jos mukana on selkeät numeroidut ohjeet ja työkalut sekä kaikki osat, on kokoaminen helppoa.

Miten saisimme tämän toimintatavan siirretyksi muihinkin tehtäviin?

1) Pilko tehtävä osiin

Jos tehtävä kauhistuttaa sinua ja siitä on tullut suuri mörkö, istu hetkeksi alas, mieti ja kirjoita ylös siitä kaikki vaiheet, jotka sinun tarvitsee tehdä, jotta pääset lopputulokseen. Helpoimmin tämä käy, jos aloitat lopputuloksesta ja kirjaat lopusta päin tarvittavat vaiheet. Tiedosta, että 20 %:n panoksella saamme aikaan 80 % lopputuloksesta.

Jos tämäkin tuntuu liian raskaalta, mieti vain seuraava vaihe, joka sinun pitää tehdä, jotta pääset etenemään ja aloittamaan tehtävän tekemisen kohti maalia.

Esimerkki 1. Olet lykännyt yksinkertaista tehtävää, tilauksen tekemistä soittamalla tai lähettämällä sähköpostia. Miksi et saa sitä hoidettua? Syy voi olla niinkin yksinkertainen, että sinulla ei ole tarvittavaa puhelinnumeroa tai sähköpostiosoitetta käsissäsi sillä hetkellä, kun inspiraatio tilauksen tekemiseen olisi. Seuraava tehtäväsi on siis hankkia tuo puuttuva tieto ajattelematta tehtävää eteenpäin sen enempää.

Esimerkki 2. Sinulla on tehtävälistallasi pienimuotoisen oppaan tai ohjeistuksen kirjoittaminen tai vaikkapa eri yritysten kilpailuttaminen jotakin hankintaa varten. Hahmotat, että työ vaatii paljon tekemistä tullakseen suoritetuksi. Kaikki mahdolliset tehtävän tekemiseen vaadittavat asiat ahdistavat sinua siinä määrin, että lykkäät asiaa jatkuvasti eteenpäin. Mutta jos olet armollinen itsellesi ja mietit vain ensimmäistä osatehtävää ja suoritat sen, huomaat pian, että etenet. Sen jälkeen suoritat seuraavan tehtävän. Ja seuraavan. Olennaista on, että et vaivaa päätäsi muilla vielä edessä olevilla osatehtävillä, vaan keskityt vain meneillään olevan osan suorittamiseen.

2) Valitse tärkeimmät suorittamista vaativat tehtäväsi

Usein lykkäämme juuri niitä tärkeimpiä tehtäviä. Käytä siis aikaasi tasaisin väliajoin siihen, että mietit, mitkä ovat ne tärkeimmät tavoitteet, jotka haluat saavuttaa seuraavan vuoden, kuukauden tai viikon aikana. Jos tärkeyttä on vaikea hahmottaa, ajattele tärkeimmiksi niitä asioita, joilla on suurin vaikutus sinuun, tekemääsi työhön tai organisaation toimintaan. Valitse näistä tärkein ja mieti, mikä on se tehtävä, joka sinun on suoritettava, jotta saat tämän asian liikahtamaan eteenpäin. Valitse sen jälkeen tarpeen mukaan tärkeysjärjestyksessä seuraavia asioita ja liikuta niitäkin kohti maalia.

3) Palkitse itseäsi

Joskus tai joidenkin ihmisten kohdalla on perusteltua tehdä helpot asiat alta pois. Tärkeää on hahmottaa, mitkä ovat helppoja, mutta tärkeitä asioita. Helpot ja turhat asiat on syytä aina jättää tekemättä. Mukavat ja turhat asiat kannattaa jättää palkinnoiksi. Mikäli hyvä olo tehdystä työstä ei riitä palkinnoksi, itseään pitää olla lupa palkita hyvin suoritetun tehtävän jälkeen. Voit käyttää palkintoja motivaattoreina, jotta saat tehdyksi jonkin sinulle epämieluisan tehtävän. Palkinto voi olla mitä tahansa pullakahveista ja juoksulenkistä Facebookissa surffaamiseen. Kunhan palkinto tulee vasta suorituksen jälkeen.

4) Luo suunnitelma

Toimi sen sijaan, että miettisit, mitä tekisit. Tähän auttavat useammat keinot. Tee tehtäviä listalta. Kun sinulla on hetki, jolloin mietit, mitä nyt tekisit, ota esiin tehtävälistasi, valitse siitä tehtävä ja käy toimeen. Sen jälkeen valitse seuraava.

Jos sinun on vaikea valita listaltasi tehtävää, johtuu se usein listasi toimimattomuudesta. Pidä siis sellaista tehtävälistaa, joka ei edistä lykkäämistä. Tehtävälistoja on esitelty luvussa *Tehtävälistat*. Tehtävälista toimii suunnitelmana. Suunnitelma voi olla myös lukujärjestys, kalenterimerkinnät tai muunlainen projektisuunnitelma, jonka mukaisesti etenet. Tärkeintä on, että sinulla on suunnitelma, jolloin voit vain valita seuraavan toimenpiteen ja käydä töihin.

5) Valitse tehtävä tilanteeseen sopivasti

Jotkut tarvitsevat kiireen ja hektisyyden tuntua, jotta saavat asioita hoidettua omasta mielestään tehokkaasti. Määräajan lähestyessä tehtävä, jota on vältelty viikkoja, tulee suoritetuksi muutamassa tunnissa. Laatu on riittävä, mutta aikaa kului murehtimiseen ja lykkäämiseen. Työn laatu olisi ollut parempi, jos kaikki lykkäämiseen ja murehtimiseen kulutettu aika olisi käytetty tehtävän parissa samalla tai jopa vähäisemmällä vaivalla. Usein nimittäin ensimmäisen innostuksen ja tehtävän ilmaantumisen hetkellä meillä on parhaat ja luovimmat ideat mielessämme. Jos lykkäämme, nämä ideat unohtuvat ja lopputuloksesta tulee tavanomaisempi.

Joskus on helppoa ja itsestään selvää tehdä valinta, mitä tehtävää seuraavaksi alat tehdä. Toisinaan aloittaminen tuntuu hankalalta. Mieti silloin, mikä on oma energiatasosi ja vireystilasi. Älä taistele itseäsi vastaan. Opettele tuntemaan itsesi. Mihin kellonaikaan olet yleensä tehokkaimmillasi? Milloin kirjoittaminen on helppoa? Mitä tehtäviä on helppoa ja tehokasta hoitaa, vaikka olisit väsynyt? Kuinka paljon syömisen väliin jättäminen vaikuttaa tehokkuuteesi? Hoida energiaa vaativat tehtävät virkeänä.

Tehtävä 1

Mikä on sinun yleisin syysi lykkäämiselle?

Tehtävälistat

Tehtävälistat ovat ajan hallinnan ja oman toiminnan ohjauksen tärkeimmät välineet. Tehtävälistoja voi olla monenlaisia ja moneen tarkoitukseen. Kaikkien niiden tärkein tehtävä on kuitenkin sama: saada asiat pois kuormittamasta mieltä. Tehtävälistojen avulla aivokapasiteettia vapautuu luovaa ajattelua varten. Kun kirjaat tehtävät ylös, voit käyttää energiasi ja ajatuksesi tehtävien suorittamiseen. Jos tekemättömät työt pyörivät ajatuksissa, kuluu aivoilta turhaa energia sen pohtimiseen, mitä kaikkea pitäisi tehdä.

Moni meistä on kamppaillut muistilistojen kanssa ja osa saattaa jopa vihata erilaisia tehtävälistoja. Jos sinusta on tuntunut, että tehtävät listaltasi eivät koskaan vähene, olet ehkä tyytynyt kokeilemaan vain yhtä listatyyppiä, joka ei olekaan sinulle sopiva. Kokeile yhtä tai useampaa seuraavista seitsemästä tehtävälistatyypistä ja löydä niistä itsellesi sopivin. Voit hyvin myös yhdistellä eri listoja ja käyttää esimerkiksi selkeiden projektien yhteydessä yhdenlaista listaa ja muiden asioiden kanssa toista.

Tehtävälistoja ovat esimerkiksi:

1) Perinteinen muistilista
2) Perinteinen muistilista pienellä päivityksellä
3) Kolme tärkeintä
4) Tehtävien ryhmittely tekemisen mukaan
5) Päivien luokittelu erilaisia asioita varten
6) Lukujärjestys
7) Muistutuskansio

Oman tilanteen arvioiminen ja tilanteeseen sopivan tehtävän löytäminen nopeasti säästävät aikaa ja vähentävät puuhastelua. Suunnitteleminen auttaa siihen, että meidän ei tarvitse kuluttaa aikaamme sen miettimiseen mitä tekisimme silloin, kun tekemisen aika tai inspiraatio koittaa. Tehtävien kirjaaminen listalle vie toki joitakin minuutteja päivästäsi, mutta säästää lopulta enemmän aikaa varsinaisten tehtävien tekemiselle.

1) ja 2) Perinteinen muistilista pienellä päivityksellä

Perinteiseksi tavaksi miellettäneen tapa, jossa tehdään tehtävälista tai -listoja asioiden tärkeysjärjestyksen mukaisesti. Tämä tapa toimii joillakin, mutta suurella osalla kompastuskivenä on arvottamisen vaikeus. Kuinka päättää nopeasti, mikä tehtävistä on tärkein? Mitä priorisointi lopulta tarkoittaa? Jos haluat pitäytyä perinteisessä tehtävälistassa, kannattaa avuksi päätöksentekoon ottaa kaksi kriteeriä: *kiireellisyys* ja *tärkeys*.

Tarkoituksena on arvottaa tehtävät kiireellisyyden ja tärkeyden mukaan. Näistä ensisijaisesti suoritettavia tehtäviä eivät yllättävästi olekaan kiireelliset ja tärkeät, vaan ei kiireelliset ja tärkeät. Näiden tekeminen kannattaa, sillä tekemättöminä niistä tulee kiireellisiä ja tärkeitä eli tulipalon sammuttamista. Monet suunnittelu- ja valmistelutyöt ovat esimerkkejä tärkeistä tehtävistä, jotka lykkäämisen takia muuttuvat kiireellisiksi.

Kiireelliset, mutta vähemmän tärkeät tehtävät on yleensä suoritettava, mutta niiden suorittamiseen käytettävä aika kannattaa minimoida. Näitä tehtäviä ovat esimerkiksi keskeytyksiä aiheuttavat puhelut ja osa sähköpostiviesteistä.

Kiireettömien ja vähemmän tärkeiden tehtävien kohdalla voit usein harkita tekemättä jättämistä tai delegointia. Tekemättä jättämisen seuraamuksia arvioidaksesi voit kysyä itseltäsi, mikä on pahinta mitä voi tapahtua, jos jätät tehtävän kokonaan suorittamatta.

Kannattaa siis pyrkiä tilanteeseen, jossa kiireellisiä ja tärkeitä asioita ei pääse syntymään. Kun laadit tehtävälistaa kiireellisyyden ja tärkeyden perusteella, mieti itsellesi sopiva merkitsemissysteemi eri kategorioihin kuuluville tehtäville. Käytätkö värikoodeja, kirjaimia (A, B, C ja D-luokka) vai pidätkö esimerkiksi neljää eri listaa?

3) Kolme tärkeintä

Tämä listatyyppi on ehkä kaikkein helpoin toteuttaa. Toisaalta se saattaa olla myös tehokkain. Kaikki riippuu ensinnäkin tekemättömien tehtäviesi määrästä ja laadusta, sekä siitä onko tapanasi luokitella tehtäviksi isoja vai pienempiä kokonaisuuksia.

Jos tapanasi on luokitella yhdeksi tekemättömäksi tehtäväksi isompi kokonaisuus, jonka myös kykenet tekemään kerralla valmiiksi, kannattaa sinun kokeilla tätä tapaa. Samoin, jos sinulla on mahdollisuus työskennellä keskeytyksettä pidempiä aikoja, kannattaa tätä kokeilla. Tämä tapa sopinee sinulle myös, jos pitkät tehtävälistat ahdistavat sinua, tai sinulla on vaikeuksia muistaa päivittää niitä.

Näin toimii tapa *Kolme tärkeintä*. Unohda kaikki muut pitkät tehtävälistat ja mieti edellisenä iltana tai työpäivän lopussa kolme, ehdottomasti enintään viisi, tärkeintä tai pakollisinta asiaa, jotka sinun pitäisi seuraavana päivänä saada tehdyksi. Kun olet kirjannut nämä asiat, muuta ne ajatuksissasi muotoon: nämä asiat aion tehdä huomenna. Asian "koolla" ei ole väliä. Suorita ylöskirjatut tehtävät seuraavana päivänä. Älä rönsyile! Jos aikaa jää yli, voit tehdä muutaman tärkeän tai vähemmän tärkeän ylimääräisen asian tai palkita itsesi jollakin sopivalla palkinnolla.

Jotta tämä konsti toimisi, kannattaa sinun noudattaa muutamia lisäohjeita. Listalle ei missään nimessä kannata laittaa viittä asiaa enempää, usein yksi tai kaksikin on tarpeeksi. Tämän tavan suorittamisessa on myös tärkeää, että oikeasti kirjoitat nämä asiat jonnekin muistiin. Kirjoittaessasi tulet tehneeksi samalla itsellesi lupauksen, jolloin tehtävien tekemisestä ei ole ollenkaan niin helppo livetä. Kokeilemalla eri kirjaamisvälineitä, löydät sopivan. Se voi olla muistilappu, kalenterin muistisivu, puhelimen muistio, pieni muistikirja tai jopa oma kämmen.

Kun kirjaat ylös näitä kolmea tärkeintä asiaa, mieti, mitkä ovat ne asiat, joiden suorittamisella on suurin vaikutus työhösi. Joudut siis priorisoimaan, mutta jo pelkkä kysymys, *"Mitkä ovat kolme tärkeintä huomenna suoritettavaa tehtävääni?"*, auttaa sinua löytämään nämä kolme tehtävää.

Olennaista tämän keinon toimimaan saamiseksi on myös se, että kirjaat tehtävät asiat jo edellisenä päivänä. Kirjaaminen kannattaa tehdä joko työpäivän lopuksi tai illalla ennen nukkumaan menoa. Ennen nukkumaan menoa kirjoitetuilla asioilla on nimittäin mielenkiintoinen tapa toimia itsekseen. Ne saavat alitajuntasi työskentelemään nukkuessasi. Alitajuntasi ohjaa aivojasi orientoitumaan seuraavan päivän töihin ajatuksiasi tai untasi kuitenkaan häiritsemättä. Jos taas kirjaat asiat ylös työpäivän päätyttyä ja jätät listan työpisteellesi, voit keskittyä viettämään vapaa-aikaasi täydellisesti.

4) Tehtävien ryhmittely tekemisen mukaan

Jos tapanasi on pilkkoa kaikki tehtävät pieniin osiin, sopinee sinulle parhaiten tehtävien ryhmittely tekemisen mukaan. Samoin, jos sinulla on paljon pieniä vaikeasti muistettavia tehtäviä, kannattaa kokeilla tätä tapaa. Myös ne, joiden työpäivä on hyvin kiireinen ja pilkkoutunut pieniin osiin, hyötyvät todennäköisesti tästä tehtävälistatyypistä. Jatkuvasti liikkeellä olevat, harvoin työpöydän ääressä istuvat ja liikkuvaa työtä tekevät saattavat löytää ratkaisun päiviensä toimivaksi saattamiseen omaksumalla tämän tavan. Tästä tehtävälistatyypistä on hyötyä myös silloin, jos seuraavaksi suoritettavan tehtävän valitseminen vie paljon aikaasi.

Tehtävien ryhmittelyn ideana on, että laadit useampia tehtävälistoja tekemisen mukaisesti. Tehokkuutta lisää, kun kirjaat kaikki tehtävät sopiville listoille asiayhteyden mukaan. Jos sinulla on työn alla olevia papereita enemmän kuin yksi muovitaskullinen, kannattaa työn alla olevat paperit lajitella samalla periaatteella. Vapaa-ajan asiat ja työasiat voivat yhtä hyvin olla samoilla listoilla tai eri listoilla. Tarvitsemiasi listoja voivat olla:

- *Soitettavat puhelut* (Henkilön nimi ja numero, mikäli ei ole puhelimen osoitekirjassa)
- *Odottavat asiat* (Tälle listalle tulevat ne asiat, jotka odottavat jonkin toisen tahon toimia ennen kuin voit itse jatkaa työskentelyä asian parissa.)
- *Odottavat puhelut* (Henkilön nimi, puhelinnumero ja päivämäärä, jonka jälkeen sinun otettava yhteyttä)
- *Luettavat materiaalit* (Erillisessä kansiossa/muovitaskussa/salkussa, josta osa on helppo ottaa mukaan)
- *Tietokoneella kirjoitettavat tekstit* (Tehtävä sekä arvioitu kirjoittamisen vaatima aika)

- *Laadittavat taulukot* (Tehtävä sekä arvioitu kirjoittamisen vaatima aika)
- *Internetistä etsittävät asiat* (Hakusana tai www-sivun osoite)
- *Hoidettavat asiat* (Erittele liikkeen/viraston tai esim. kaupunginosan mukaan)
- *Ostettavat asiat* (Erittele liikkeen mukaan tai esim. kaupunginosan mukaan)
- *Kotona tehtävät asiat* (Kertaluonteiset ja erikoisemmat tehtävät)
- *Yhteydenotot sähköpostilla* (Asia, henkilö ja tarvittaessa sähköpostiosoite)
- *Keskusteltavaa esimiehen kanssa* (Ota lista esille esimiehen tavatessasi)
- *Keskusteltavaa kollegan kanssa* (Jokaiselle henkilölle oma lista)
- *Kokouksessa esille otettavat* (Jokaiselle usein toistuvalle kokoukselle oma listansa)
- jne.

Pidä kaikki listat saatavilla. Varmimmin ne pysyvät tallessa erillisessä muistikirjassa tai kalenterin muistio-osassa. Lyijykynä ja kumi ovat käytännölliset apuvälineet. Niiden avulla listaa on helppo tyhjentää ja täydentää. Sähköiset listat sekä muistikirjaan tai kalenteriin liimattavat tarralaput toimivat tässä listatyypissä erinomaisesti. Tehtyjä tehtäviä pitää olla helppo poistaa, kunhan jäljelle jääneet eivät ajaudu liian kauaksi toisistaan. Sähköisistä listoista on esiteltynä muutamia esimerkkejä tämän luvun lopussa.

Jotta tämänkaltainen tehtävälistojen käyttö olisi kitkatonta, on valitsemasi muistiinpanotavan ja sinun toimittava hyvin yhteistyössä. Olennaisinta on, että listalle pitää pystyä kirjaamaan eli siirtämään asia välittömästi, kun asia ilmaantuu tai tulee mieleen. Lista on myös saatava esiin heti, kun tulee sopiva hetki valita sieltä tehtäviä suoritettavaksi.

Listoja voi olla paljon ja niistä voi tulla pitkiäkin. Tämä riippuu ennen kaikkea keskeneräisten projektiesi määrästä. Projekteiksi mielletään tässä yhteydessä kaikki sellaiset tehtäväkokonaisuudet, jotka vaativat useamman kuin yhden toimenpiteen tullakseen loppuunsaatetuiksi. Listoille tulee toki kirjatuksi myös sellaisia tehtäviä, jotka eivät varsinaisesti ole minkään projektin osia, vaan yksittäisiä tehtäviä.

Listatyypin perusajatuksena on, että jokaisesta meneillään olevasta projektista vain *seuraavaksi suoritettava* tehtävä kirjataan jollekin listoista. Keskeneräinen projekti ei pääse unohtumaan, kun siitä on jollakin tehtävälistalla aina seuraava projektin eteenpäin viemiseen vaadittava tehtävä. Vain ja ainoastaan projekti seuraavan suoritettavan tehtävän kirjaamisen etu on se, että et kirjaa sellaista listallesi, jota et todellisuudessa ole valmis tekemään. Esimerkiksi, jos keskeneräisenä projektina on lomamatka, saattaa seuraava suoritettava tehtävä olla matkakohteesta päättäminen. Tällöin tehtävälistalle *Keskustele puolison kanssa* kirjataan tehtävä matkakohteesta päättäminen. Tai kenties seuraavana tehtävänä on lempihotellin varaustilanteen varmistaminen (listalle *Internetistä etsittävät asiat*).

Tämän tavan alkuun saattaminen on sen vaikein osuus, sillä se vaatii hieman enemmän ponnisteluja. Alkuvalmistelujen ja 21 päivän totuttelun jälkeen sitä on kuitenkin helppo toteuttaa. Alkuvalmistelut voit tehdä kahdella tavalla. Voit aloittaa listaamalla kaikki keskeneräiset projektisi, minkä jälkeen mietit jokaisesta projektista seuraavan suoritettavissa olevan tehtävän. Tämän tehtävän kirjaat sopivalle listalle. Toinen vaihtoehto on, että listaat kaikki tällä hetkellä tekemättöminä odottavat tehtävät, minkä jälkeen lajittelet ne sopiville listoille. Toki voit lajitella tehtävät listoille suoraan, mikäli olet miettinyt huolella, mitä listoja tarvitset. Jos käytät jälkimmäistä tapaa, saatat huomata, että sinulla on joistakin projekteista useampia tehtäviä listallasi. Näistä osaa et voi suorittaa ennen toisen tehtävän tekemistä. Tällöin kirjaa vain ensimmäisenä suoritettava tehtävä listalle, muiden aika tulee myöhemmin.

Jotta listat toimisivat, täytyy niitä päivittää. Kun olet tehnyt tehtävän, poista se listalta ja kirjaa saman projektin seuraava tehtävä sopivalle listalle. Jos projektin seuraava tehtävä vie aikaa vain muutaman minuutin, kannattaa se tehdä ja kirjata vasta sitä seuraava tehtävä jollekin listoista. Jos olet aluksi kerännyt kaikki projektisi listaksi, kannattaa tätäkin listaa ylläpitää eli lisätä ja poistaa projekteja tilanteen mukaan. Kaikki listat kannattaa myös silmäillä säännöllisesti läpi, jotta et vahingossa ylitä määräaikoja.

Nyt sinulla on koossa tekemisen mukaisesti jaotellut tehtävälistat, joita voit alkaa lyhentää. Muista kuitenkin myös pidentää niitä, eli kirjaa aina mieleesi tuleva uuden projektin seuraava tehtävä sopivalle listalle.

Tämän tyyppisten listojen suurin hyöty on siinä, että tyhjän hetken koittaessa voit nopeasti valita sopivan tehtävän suoritettavaksesi. Kun pohdit, miltä listalta tehdä, mieti ensin, missä olet, eli mitä voit tehdä. Oma sijaintisi sekä käsillä olevat välineet määrittelevät, minkä listan otat esille. On vaikea keskustella asiakkaan kanssa, jos et ole asiakkaan luona, mutta on helppo kirjoittaa tietokoneella raportti valmiiksi, jos istut työpisteessä tietokoneesi ääressä. On helppo lukea alan uusin lehti, kun olet bussissa, odotushuoneessa tai yksinäisellä lounaalla ja kannettavan tietokoneesi akku on tyhjentynyt.

Sopivan listan valittuasi mieti, paljonko aikaa sinulla on käytössäsi ja mikä on vireystilasi. Lopuksi pohdi, mikä listan asioista on tärkein ja toisaalta sopivimman mittainen tai suorita suoraviivaisesti listalta seuraava toimenpide. Näin valitset tilanteeseen sopivan tehtävän.

Esimerkki. Kuvittele seuraava tilanne. Olet kokousten välissä muualla kuin työpisteesi läheisyydessä. Vireystilasi on keskitasoa, mutta aikaa on vähän. Valitset *Keskustelut kollegoiden kanssa* listalta henkilön, jonka työpiste sijaitsee kokoustilan lähellä. Käyt pikavisiitillä. Jos kollega ei ole paikalla, laitat sähköpostiviestin hänelle tai etsit toisen kollegan lähistöltä. Jos aikaa jää, otat kupin kahvia ja istut odottelemaan seuraavan kokouksen alkua (5min). Samalla silmäilet mukana kantamasi alan uusimman lehden läpi.

Jos tämä tekniikka tuntuu toimivalta, voit lukea lisää David Allenin kirjasta *Kerralla valmista.*

5) Päivien luokittelu erilaisia asioita varten

Jos olet jo kokeillut kaikkia mahdollisia vaihtoehtoja, eikä mikään ole tuntunut sinulle sopivalta, saatat innostua tästä hieman erilaisesta tehtävälistatyypistä. Tämä tapa saattaa auttaa sinua myös, jos kärsit erityisesti itse aiheuttamistasi keskeytyksistä. Jos haasteenasi on, että et saa suurempia projekteja etenemään, koska suoritat pienempiä tehtäviä pois alta, kannattaa ehdottomasti kokeilla tätä tapaa. Myös sinun, jolla työ ja vapaa-aika sekoittuvat, etkä osaa nauttia vapaa-ajastasi ja ottaa aikaa itsellesi, kannattaa kokeilla tätä tehtävälistatyyppiä. Oikeastaan tämä ei ole varsinainen tehtävälista, vaan apukeino käyttää muita tehtävälistoja. Tämä tapa soveltuu minkä tahansa listatyypin tueksi. Tätä voit kokeilla myös ilman mitään tehtävälistoja, jos olet kokenut kaikenlaiset listat itsellesi hankaliksi.

Tässä tavassa on tarkoituksena luokitella viikon päivät erilaisten asioiden hoitamista varten. Pidä viikon aikana erilaisia päiviä, joiden aikana keskityt tietyntyyppisiin tehtäviin. Voit toimia näin, vaikka erilaiset kokoukset täyttäisivät suuren osan työpäivistäsi. Koska tämä tehtävälistatyyppi soveltuu käytettäväksi erinomaisesti työn ja vapaa-ajan sekoittuessa keskenään, sisältää viikko tässä tapauksessa arkipäivien lisäksi viikonlopun päivät.

Kokeile aluksi luokitella päivät yhden viikon (7pv) ajalle esimerkiksi seuraavasti. Päivistä neljä on pikkuasioiden hoitopäiviä eli *säläpäiviä*. Kaksi päivää käytät tärkeiden ja suurempien projektien eli avainasioiden tekemiseen. Kutsutaan näitä päiviä vaikkapa *avainpäiviksi*. Yhden päivän merkitset *omapäiväksi*.

Säläpäivänä eli pikkuasioiden hoitopäivänä ei ole tarkoitus edes ajatella mitään suurempaa projektia vaan vain tehdä kaikkia pieniä tekemättä jääneitä ja eteen tulevia uusia tehtäviä. Näin saat todennäköisesti hoidettua paljon pieniä asioita, kun isot tärkeät projektit eivät ole jatkuvasti nurkan takana odottamassa. Jos iso tärkeä projekti tulee mieleesi, voit sanoa sille, että huomenna sinulla on koko päivä aikaa pelkästään sille.

Avainasian hoitoa varten varattuna päivänä on sen suuremman ja tärkeämmän projektin vuoro. Käsittele yhtä projektia kerrallaan. Avainpäivänä mieleesi tuleville ajatuksille keskeyttäville pikkujutuille on sanottava, että odottakaa huomiseen.

Omapäivänä on tarkoitus keskittyä ihmisiin, ei asioihin. Tärkeimpänä kohteena olet sinä itse, perheesi ja ystäväsi. Omapäivänä ei ole tarkoitus välttämättä tehdä edes kotitöitä. Mieleen tuleville pienemmille ja suuremmille hoidettaville asioille voi sanoa, että huomenna, huomenna...

Näiden päivien sijoittelu kalenteriin kannattaa miettiä huolella, jotta kyseisenä päivänä voi oikeasti tehdä päivän asioita. Avainpäivä ja säläpäivä on usein järkevää sijoittaa peräkkäin. Aluksi tarvitset todennäköisesti useampia säläpäiviä viikossa, mutta myöhemmin on todennäköistä, että avainpäiville vapautuu yhä enemmän tilaa kalenterissasi. Myös omapäivien osuutta voit kasvattaa, kunhan pysyt työsopimuksesi rajoissa.

Jos työsi ja vapaa-aikasi eivät pääse lainkaan sekoittumaan, voit helpottaa tätä tapaa sillä, että jaat päivät kahtia. Toinen osa päivästä on työpäivää ja toinen vapaa-aikaa. Näitä päivän puolikkaita voit käsitellä erikseen, työpäivä voi esimerkiksi olla avainpäivä ja vapaa-aika säläpäivä tai omapäivä.

Tämän tavan filosofiaksi voit ajatella eteläeurooppalaisen tai karibialaisen elämäntyylin, *mañana* eli huomenna. Kuitenkin sillä erotuksella, että huominen ei ole epämääräinen päivä tulevaisuudessa, vaan oikeasti kalenteriin merkitty päivä.

Tästä tavasta lisää voit lukea Michael Heppellin kirjasta *How to Save an Hour Every Day*.

6) Lukujärjestys

Jos työsi on rutiinien rytmittämää, kannattaa sinun harkita lukujärjestyksen tekemistä. Lukujärjestyksen idea on periaatteessa sama kuin päivien jaottelussakin, mutta lukujärjestystä käyttäessäsi voit jakaa päivän sopivan pieniin palasiin ja pilkkoa tehtäväkokonaisuudet pienemmiksi. Aivan kuten koulussakin tiettynä aikana tehdään tiettyä asiaa, voit työelämässäsi toimia samoin.

Lukujärjestyksessäsi voi olla kohdat vaikkapa kirjanpidollisille asioille, matkalaskuille, hoidettaville asioille, raporttien kirjoittamiselle, sähköpostille, lounaalle, liikunnalle, palavereille ja mitä ikinä työnkuvasi vaatiikin. Joka aamu sinulla voi esimerkiksi olla varattuna tunti sille päivän tärkeimmälle tehtävälle. Seuraavana voi olla sähköpostien lukeminen ja kiireellisten tai helppojen pikkuasioiden tunti. Muista myös lounastauko ja mahdolliset muut työhön liittymättömät asiat.

Jos työsi sisältää paljon projekteja, voit luoda itsellesi jaksolukujärjestyksen, eli lukujärjestyksen, jota noudatat vaikkapa kolmen tai kuuden viikon ajan. Tämän jälkeen laadit itsellesi uuden lukujärjestyksen.

Lukujärjestyksestä ei kannata tehdä liian yksityiskohtaista. Vertaa sitä koululukujärjestykseen. Sinun lukujärjestyksessäsi kannattaa lukea vaikkapa, *Sähköposti, Matkalaskut, Kirjanpito, Projekti 1* ja toisessa kohdassa *Projekti 2*. Näiden tuntien tai lyhyempien tai pidempien sinulle sopivien aikajaksojen aikana teet tehtäviä erilliseltä tehtävälistaltasi tai etenet muiden apuvälineiden kuten muistisi avulla kyseisessä projektissa niin pitkälle kuin varaamanasi aikana ehdit. Tämän tunnin aikana muut asiat, kuten puhelimet, sähköpostit tai muut ihmiset tai ajatukset eivät saisi tulla keskeyttämään sinua.

Jos huomaat, että et pysy lukujärjestyksen rajoissa, mieti oletko silti oikeissa ja tuottavissa tehtävissä vai puuhasteletko tarpeettomia. Jos vastaus on, että teet oikeita töitä, tee korjaukset lukujärjestykseen nykyisen toimintasi perusteella. Jos huomaat puuhastelevasi, yritä ottaa itseäsi niskasta kiinni ja palaa lukujärjestyksen pariin.

Kun jokaisen tunnin välissä pidät tauon eli välitunnin, edes muutaman minuutin mittaisen, ei istuminen ja ruudun katsominenkaan käy liian rasittavaksi.

7) Muistutuskansio

Muistutuskansio on samanaikaisesti sekä tehtävien- että paperinhallintajärjestelmä. Tämä tapa on esitelty osiossa *IV Kaaoksesta järjestykseen*, luvussa *Papereiden järjestäminen*.

Sähköiset tehtävälistat

Puhelimiin ja tietokoneisiin löytyy paljon erilaisia tehtävälistasovelluksia. Näitä voit käyttää joko soveltaen kuutta edellä esiteltyä listatyyppiä tai pelkästään tapana kerätä tehtäviä listalle. Alla on esiteltynä muutama erityyppinen tehtävälista, jotka kaikki ovat ainakin toistaiseksi maksuttomia. Lisäpalvelut ja lisäominaisuudet yleensä maksavat. Ota huomioon elektronista tehtävälistaa valitessasi, että sen pysyvyydestä ei ole takuita. Pilvipalvelussa sijaitseva lista saattaa milloin tahansa lakata olemasta, mikäli listan suunnitellut ja sitä päivittävä yritys lopettaa toimintansa.

Any.do:ssa tehtävänäkyminä ovat 1) tänään, 2) huomenna, 3) myöhemmin ja 4) joskus. Vaihtoehtoisesti voit valita ajallisen jaottelun sijaan 1) henkilökohtainen ja 2) työ. Tehtäviä voi poistaa ja siirtää sovelluksessa helposti. Sovelluksen saa Applen laitteisiin sekä Google Chromeen ja ne synkronoivat keskenään eri laitteiden välillä. (http://www.any.do/)

Do it (tomorrow). Jos haluat ajatella edessäsi olevia tehtäviä vain tämän päivän ja huomisen aikajänteellä, saattaa tämä sovellus sopia sinulle. Jos tapanasi on lykätä kaikkea mahdollista, en suosittele tätä listaa. Listassa on vain kaksi sivua, joista toisella ovat tehtävät, jotka olet ajatellut suorittaa tänään. Toisella sivulla ovat loput tehtävät eli huomisen tehtävät. Voit helposti poistaa tehdyt tehtävät ja siirtää tehtäviä näiden kahden päivän välillä. Käyttö on helppoa ja tapa (tehtävien siirtäminen seuraavalle päivälle) varmasti monelle tuttu, mutta paperisena tai muilla ohjelmilla toteutettuna lisätyötä vaativa. (http://tomorrow.do/)

Todoist on selkeä tehtävälista, jossa tehtävät voi jaotella projekteittain tai tehtävätyypeittäin. Näiden alle kirjaat tehtäviä, joiden lukumäärä näkyy kunkin projektin tai tehtävätyypin yhteydessä. Tehtäviä voi priorisoida, siirtää ja poistaa ja niihin voi merkitä tehtävän suorittamisen määräajan. Maksullisessa versiossa tehtäviin voi myös lisätä muistiinpanoja ja tiedostoja. (http://todoist.com/)

Google Tasks sopii sinulle, jos olet gmail-sähköpostitilin käyttäjä. Sähköpostit on helppo siirtää tehtävälistalle, jonne voit kirjoittaa muutkin tehtäväsi. Tehtäviin voit lisätä määräpäivän ja huomautuksia. (https://mail.google.com/mail/help/tasks/)

Tehtävä 1

Millä periaatteella tämänhetkinen tehtävälistasi toimii?
Miten valitset seuraavan tehtävän suoritettavaksi?
Mikä yllä mainituista listoista herätti innostuksesi?

Kalenteri

Suurimmalla osalla meistä on käytössään jonkinlainen kalenteri. Ellei muistisi satu olemaan erikoislaatuinen, tarvitset kalenteria, jos sinulla on useampi kuin muutama tiettynä aikana ja tietyssä paikassa oleva tapahtuma viikon aikana.

Kalenteria ei kannata käyttää tehtävälistana. Kalenterin perusajatus on kertoa käyttäjälleen, milloin jonkin asian tulee tapahtua. Kalenteriin ei siis ole tarkoitus merkitä muita asioita, kuin sellaisia, jotka tapahtuvat tai jotka on tehtävä juuri tiettynä hetkenä. Lähes aina näihin tapahtumiin liittyy muita ihmisiä. Ne voivat olla kokouksia, lounastapaamisia, lääkärikäyntejä tai puheluita, jotka on pakko soittaa juuri tiettynä hetkenä. Joskus ne voivat olla esineiden tai papereiden noutoja, jotka on tehtävä aukioloaikojen puitteissa. Näihinkin liittyy yleensä toinen ihminen, joka esimerkiksi postissa ojentaa paketin sinulle.

Jos sinulla on kalenterissasi sellaisia tehtäviä ja toimintoja, joita ei ole pakko tehdä juuri tiettynä aikana ja ne liittyvät välittömästi vain itseesi, saatat päätyä helposti siirtelemään merkintöjäsi toiseen ajankohtaan. Tämä on sekä epämotivoivaa että ajankäytöllisesti epätaloudellista. Jos yrität laittaa kaikki tehtäväsi kalenteriin, on merkintöjä luultavasti liikaa ja niiden hallinnasta tulee haasteellista. Jos laitat osan tehtävistäsi kalenteriin ja osaa pidät tehtävälistallasi, joudut tilanteeseen, jossa sinulla on kaksi päällekkäistä listaa. Saatat tällöin kohdata vaikeuksia miettiessäsi, mille listalle tehtävän kirjaisit. Toiselta listalta saattaa myös jäädä jotain tärkeitä tehtäviä tekemättä.

Tyhjän hetken koittaessa sopivan tekemättömän tehtävän tekeminen on vaikeampaa, jos sinun on etsittävä se kalenterimerkintöjen joukosta. Jos et saa jotakin tehtävää suoritettua päättämänäsi ajankohtana, joudut siirtelemään sitä toiseen ajankohtaan. Kalenterin käyttäminen tehtävälistana on haasteellista myös silloin, jos et osaa tarkasti arvioida, kuinka kauan tehtävät vievät aikaasi.

Jos sinulla on käytössäsi sähköinen kalenteri, jonka yhteydessä on muistilistoja, kannattaa näitä toki käyttää, kunhan ne eivät häiritse koko kalenterinäkymää ja häivytä tärkeitä tapahtumia taka-alalle. Sähköisen kalenterin ja tehtävälistan yhdistelmässä tehtäviä on usein myös helpompi siirtää toiseen ajankohtaan. Mutta jos siirtely vie arvokasta aikaasi, kannattaa miettiä, olisiko kalenterin ja tehtävälistojen erottelu toimivampi vaihtoehto.

Kalenteriin sopivat muutamat muihin ihmisiin liittymättömät tehtävät, joilla on määräaika viikoittain tai kuukausittain. Kirjanpidolliset tai muut asiat, jotka on hoidettava aina tiettyinä aikoina, voit merkitä kalenteriin itsellesi sopivaan kohtaan, jotta ne eivät jää viimeiseen iltaan. Tässä tapauksessa ne kannattaa merkitä kalenteriin nimenomaan sellaiseen ajankohtaan, jolloin tiedät, että voit ne tehdä, mutta jolloin ei ole vielä liian tai melkein liian myöhäistä. Toisin sanoen kyse on siitä, että luot itsellesi toimivia määräaikoja.

Ehkä koet, että sinulla on oltava tiettyjen asioiden hoitamista varten aika varattuna kalenterissasi. Kokeile silloin merkintöjä *Tapaaminen itsesi kanssa*, *Oma palaveri* tai *Sähköpostien hoitohetki*, mutta älä kirjaa varsinaisia tehtäviä kalenteriin. Näiden kalenteriin merkittyjen asioidenhoitohetkien puitteissa voit tehdä sellaisen määrän tehtäviä tehtävälistaltasi, johon esimerkiksi varaamasi tunnin aikana kykenet. On henkisesti miellyttävämpää poistaa tehtävälistalta tehtyjä asioita kuin siirtää kalenterimerkintöjä eteenpäin.

Lukujärjestys

Sen sijaan, että yrittäisit merkitä kalenteriin kaikki pienetkin asiat, voit laatia erillisen lukujärjestyksen, jossa on paikka tietyntyyppisille tekemisille. Lukujärjestyksen käytöstä voit lukea enemmän edellisestä luvusta *Tehtävälistat*.

Sähköinen vai paperinen kalenteri

On sinun tehtäväsi valita, käytätkö paperista vai sähköistä kalenteria. Molemmissa on paljon erilaisia ominaisuuksia, jotka sopivat toisille, mutta toisille tuntuvat hankalilta. Jos työnantajasi vaatii sinua päivittämään menojasi yhteiseen sähköiseen kalenteriin, on siihen todennäköisesti hyvät perusteet. Yhteisellä kalenterilla on paljon enemmän etuja kuin haittoja. Sen käyttäminen vaatii kuitenkin kykyä kunnioittaa toisen tilaa ja aikaa sekä yhteisiä pelisääntöjä esimerkiksi merkintöjen suhteen.

Sähköisten kalenterien yleistyessä ja tullessa useille työpaikoille pakollisena vaihtoehtona moni on hukannut kalenterinkäyttörutiininsa. Entä jos olet vain soljunut mukana ja ottanut käyttöösi organisaatiossasi käytössä olevan sähköisen kalenterin? Jos koet, että toimintatapa ei kohdallasi toimi, kannattaa sinun pysähtyä hetkeksi miettimään, mitä olisi mahdollisesti muutettavissa ja mikä olisi paras ratkaisu sinulle.

Jos työpaikallasi ei ole käytössä yhteistä sähköistä kalenteria, mutta haluaisit siirtyä sähköiseen kalenteriin, kannattaa tutustua eri kalenterivaihtoehtoihin ja valita niistä se itsellesi tai koko organisaatiolle toimivin vaihtoehto. Kalenterisovelluksia on paljon erilaisia. Niihin kannattaa tutustua huolella ennen kuin ottaa jonkun päivittäiseen käyttöönsä.

Jos et ole työnantajasi puolelta pakotettu käyttämään tiettyä kalenteri (ja vaikka olisitkin), niin kokeilemalla selvität parhaiten, mikä sopii sinulle. Käytä itsellesi parhaiten toimivaa kalenteria ja huomaa, että voit käyttää myös paperisen ja sähköisen kalenterin yhdistelmiä. Vaihtoehtosi on joka tapauksessa jokin seuraavista.

1) Sähköinen kalenteri

Opettele ottamaan irti kaikki sähköisen kalenterin hyvistä puolista. Sähköisen kalenterin etuna on sen kulkeminen mukana käytännössä katsoen aina, mikäli sen päivittäminen onnistuu puhelimestasi. Puhelimen unohdamme harvoin matkasta. Jos sähköinen kalenteri on vain tietokoneellasi, on sen käyttö todennäköisesti hankalampaa. Yritä tällöin saada päivitysmahdollisuus myös puhelimeen tai taulutietokoneeseen. Jotta sähköinen kalenteri toimisi apuvälineenä eikä haittaavana tai hidastavana tekijänä, vaatii se automaattisen ja nopean synkronoitumisen eri laitteidesi välillä.

Sähköisen kalenterin ehdoton etu on myös sen kommunikointi muiden ihmisten kalenterien kanssa. Yhteisten tapaamisaikojen varaaminen on helpompaa, kun kaikille sopivien aikojen selvittäminen onnistuu kätevästi ilman sähköpostikeskustelussa tai puhelimitse. Toki siitäkin voi joskus olla haittaa, jos esimerkiksi laitat vahingossa henkilökohtaisia menojasi julkiseen kalenteriin tai jos muut lisäävät kalenteriisi kokouksia, joiden tiedät osaltasi olevan turhia tai joiden ajankohta on sinulle todella huono.

Sähköisen kalenterin hankaluudeksi moni kokee siihen kirjoittamisen vaikeuden etenkin älypuhelimelta. Tätä voi kuitenkin harjoitella ja useimmat tottuvat siihen muutaman viikon aktiivisen käytön jälkeen.

Sähköisen kalenterin selkeitä etuja paperiseen nähden on sen kyky muistuttaa sinua tulevista asioista sekä sähköisen tehtävälistan liitettävyys kalenteriin.

2) Sähköinen kalenteri ja paperinen lisäosa

Jos pelkkään sähköiseen kalenteriin sopeutuminen tuntuu mahdottomalta, kannattaa miettiä tarvitsisitko sähköisen kalenterin lisäksi paperikalenteria tai jotain muuta paperista lisäosaa.

Paperinen lisäosa voi olla vaikkapa muistikirja, johon kirjaat kalenterimerkinnät silloin, kun et voi merkitä niitä varsinaiseen sähköiseen kalenteriin. Siirrä nämä merkinnät kalenteriin heti, kun olet jälleen kalenterisi ääressä. Muistikirjaan voit myös kirjata tarkemmat tiedot, joita et siirrä sähköiseen kalenteriin, vaan jotka voit tarvittaessa tarkistaa muistikirjastasi.

Tämä voi sopia kalenterikäytännöksesi, jos älypuhelimella kirjoittaminen tuntuu hankalalta. Näin näet muut merkintäsi puhelimen kautta, jolloin et varaa itsellesi päällekkäisiä tapahtumia.

3) Sähköinen kalenteri ja paperinen kalenteri

Jos paperikalenteri on joskus toiminut kohdallasi oivallisesti ja sähköisen kanssa huomaat olevasi hukassa, kannattaa harkita paperisen kalenterin ottamista takaisin käyttöön.

Sähköisen ja paperisen kalenterin pitäminen yhtä aikaa voi olla raskasta, koska asiat on merkittävä kahteen paikkaan. Mutta jos vaihtoehtona on, että asiat eivät tule merkityksi minnekään ja tärkeät tapaamiset unohtuvat, kannattaa miettiä kahden kalenterin käyttöä.

Toisen kalenterin kannattaa tässä tapauksessa olla yksityiskohtaisempi pääkalenteri ja toisen isojen linjojen kakkoskalenteri. Jos pidät paperikalenteria pääkalenterinasi, merkitse siihen tarkemmin kaikki varatut aikasi ja sähköiseen tiivistetymmin tai ylimalkaisemmin. Voit ajatella sähköistä kalenteriasi informaatiovälineenä kollegoillesi ja muille asianosaisille. Paperinen kalenterisi on itseäsi varten. Kalenterien synkronisoinnista kannattaa tehdä viikoittainen tai päivittäinen rutiini, jos merkintöjen päivittäminen heti molempiin ei ole mahdollista.

4) Paperinen kalenteri

Jos paperinen kalenteri on ainoa kalenterisi, kannattaa sinun senkin kohdalla miettiä, millainen on käyttöösi paras vaihtoehto. Jos huomaat, että kalenterisi ei ole koskaan mukanasi, mieti johtuuko se esimerkiksi siitä, että kalenterisi on liian suuri. Tällöin voit kokeilla taskuun mahtuvan kalenterin hankkimista ja harjoitella pienemmällä käsialalla merkintöjen tekemistä.

Joillakin on erikseen kalenteri vapaa-ajalle ja työajalle, vapaa-ajalle yleensä paperinen ja työajalle työnantajan määräämä sähköinen. Tämä käytäntö on toimiva silloin, kun työaika ja vapaa-aika ovat selkeästi erilliset, eikä työ tule vapaa-ajan puolelle. Muulloin kannattaa käyttää vain yhtä kalenteria, mutta merkintöjen suhteen voi kalenterin sivuilla eritellä työn ja vapaa-ajan esimerkiksi eri väreillä.

Valitset minkä tahansa kalenterin, on tärkeintä, että se hoitaa tehtävänsä, jota varten se on olemassa.

Tehtävä 1

Kysy itseltäsi kalenteripohdinnan apukysymyksiä:

Pidätkö kynällä kirjoittamisen ja piirtämisen tavasta?
Onko sinulle tärkeää, että voit merkitä asian kalenteriin missä ja milloin tahansa?
Olisiko taulutietokoneesta ratkaisuksi?
Onko sinulle tärkeää, että kalenterisi on aina mukanasi?

Papereiden käsittely

Suurin syy papereiden kerääntymiseen on meidän paperinkäsittelytottumuksissamme. Me siirtelemme papereita paikasta toiseen ja palaamme niihin yhä uudestaan tekemättä niiden sisältämille tiedoille mitään.

Otetaan esimerkiksi konferenssin kutsukirje. Saatat toimia seuraavalla tavalla, jonka tehottomuus on ilmeinen. Avaat kirjekuoren. Luet kutsun. Ajattelet, että et jaksa, osaa tai viitsi juuri nyt tehdä päätöstä osallistumisesta. Laitat kirjekuoren paperinkeräykseen ja kutsun paikkaan, jossa todennäköisesti on paljon muitakin papereita, jotka sisältävät jotakin, joista et ole osannut tehdä päätöstä. Muutaman päivän päästä etsit pinosta jotakin muuta. Törmäät kutsuun. Pyörittelet sitä hetken kädessäsi. Et vieläkään jaksa, osaa tai viitsi tehdä päätöstä. Tunnet hieman huonoa omaatuntoa, ahdistusta tai kiirettä ja laitat kutsun mahdollisesti toiseen paikkaan, josta sen vielä seuraavina päivinä löydät ja siirrät useaan otteeseen.

KVK - Käsittele vain kerran

Tehokkain ja paperikaaosta parhaiten poistava papereiden käsittelytapa on *KVK - Käsittele vain kerran* -sääntö, joka koskee kaikkea alueellesi saapuvaa paperipostia. Samaa sääntöä voit soveltaa myös saapuneeseen sähköpostiin, josta enemmän seuraavassa luvussa.

Ota alueellesi ilmaantunut paperi käsittelyyn ja tee päätös sen suhteen saman tien. Jos tiedät, että sinulla ei ole aikaa tai voimia tehdä päätöksiä, jätä saapuneen postin käsittely sellaiseen hetkeen, että kykenet postisi käsittelemään. Varaa aina saapuneen postin käsittelyyn riittävästi aikaa, jotta posti todella tulee käsitellyksi, eikä vain pintapuolisesti vilkaistuksi.

Kun sopiva hetki on käsillä, ota yksi paperi kerrallaan ja pohdi hetken sen säilyttämisen tarvetta ja toimenpiteitä, joita se sinulta vaatii.

Jos kyseessä on vaikkapa ammattilehti, jossa yleensä on enintään muutama sinua kiinnostava artikkeli ja jonka selaat läpi alle viidessä minuutissa, selaa lehti nopeasti läpi ja heitä paperinkeräykseen. Jos siellä on jokin tarkempaa lukemista sisältävä artikkeli, laita pelkkä artikkeli irrotettuna luettavien papereiden säilytyspisteeseen. Tai vaihtoehtoisesti tee esim. lehden kanteen merkintä "*sivulla 14 Digikameravertailu (4 sivua)*" ja laita lehti muiden lukemista odottavien seuraan. Voit myös kuvata tai skannata artikkelin digitaalisella välineelläsi ja tallentaa sen paikkaan, jossa luettaviksi valitut tekstit odottavat sopivaa hetkeä tulla luetuiksi.

Kun käyt saapunutta paperipostia läpi, tee jokin seuraavista toimenpiteistä:

1) Laita paperi *paperinkeräykseen*.

2) Laita paperi tuhottavien asiakirjojen astiaan tai *silppuriin*.

3) Toimita paperi eteenpäin oikealle taholle tai laita se *lähtevien kansioon* tai delegoi tehtävä ja siirrä paperi eteenpäin.

4) *Suorita* paperin sisältämien tietojen vaatimat toimenpiteet, mikäli siihen kuluu aikaa alle kaksi minuuttia. Tämän jälkeen siirrä paperi joko paperinkeräykseen, arkistoon tai muuhun oikeaan paikkaansa.

5) Jos paperi vaatii toimenpiteitä, jotka kestävät pidempään kuin mihin sinulla juuri nyt on mahdollista käyttää aikaasi, siirrä paperi *Työn alla olevat –säilytyspisteeseen* tai muuhun keskeneräisten töiden paikkaan tai kirjaa tehtävä tehtävälistallesi tai tee molemmat. Näitä pisteitä voi olla useampiakin, mikäli työtehtäväsi ovat selkeästi jaoteltavissa useaan eri toimintaan, kuten maksettavat laskut, kirjoitettavat raportit, soitettavat puhelut, tiedonhankinta, muilta selvitettävät asiat, laadittavat raportit jne.

Liitä tässä tapauksessa paperiin merkintä siitä, mitä toimenpiteitä ajattelit sille tehdä. Näin säästät aikaa, sillä kun otat paperin seuraavan kerran esiin, luet vain merkintäsi ja toimit sen mukaisesti. Jos et paperin aiheuttamassa toimenpiteessä tarvitse enää paperia, voit myös kirjoittaa tehtävän saman tien kalenteriin / tehtävälistallesi / muistikirjaan sopivaan kohtaan. Paperia ei tällöin välttämättä kannata säilyttää muistilappuna, koska silloin sen joutuu aina lukemaan uudelleen läpi.

6) Jos paperi on luettavaa, siirrä se *Luettavat* –säilytyspisteeseen tai lue se läpi, mikäli aikaa lukemiseen kuluu alle viisi minuuttia.

7) *Arkistoon* kuuluvan paperin siirrät joko arkistoon tai arkistoitavien papereiden säilytyspaikkaan, josta voit ne kootusti siirtää arkistoon esimerkiksi kerran viikossa. Merkitse myöhemmin siirrettävään asiakirjaan jo nyt arkiston kohta, johon aiot paperin myöhemmin tallentaa.

8) Paperi saattaa kuulua myös *käsikirjastoon, viiteaineistoon* tai muuhun työssäsi käyttämääsi paikkaan. Siirrä se tällöin paikoilleen.

Tärkeintä on, että tämän jälkeen löydät paperin tarvittaessa helposti eikä sinun tarvitse tehdä päätöstä paperin aiheuttamista toimenpiteistä moneen kertaan.

Kiireelliset ja tärkeät asiat -säilytyspistekin sinulla voi olla, mutta kannattaa harkita myös mahdollisuutta, että sitä ei ole. Jos hoidat kiireelliset asiat saman tien, vaikka niihin kuluisikin aikaa enemmän kuin viisi minuuttia, säästät todennäköisemmin enemmän aikaa kuin kerätessäsi niitä odottamaan. Usein asiaan ja paperin herättämiin ajatuksiin palaaminen vie enemmän aikaa kuin sen suorittaminen saman tien tuoreiden ajatusten ja motivaation tehostaessa toimintaa. Saapuneen kiireellisen asian hoitaminen välittömästi vaatii sen, että avaat saapuneet postisi sellaisena hetkenä, jolloin tiedät sinulla olevan riittävästi aikaa reagoida postisi tuomiin kiireellisiin tehtäviin. Huolehdi myös, että loppukin posti tulee käsitellyksi mahdollisimman pian.

Jos sinulla on paperi, jonka suhteen sinusta tuntuu, että et voi vielä tehdä päätöstä, mieti hetki, onko asia tosiaan näin. Tuletko asian suhteen viisaammaksi lähitulevaisuudessa vai onko päätöksenteolla jo nyt kaikki samat edellytykset kuin viikon päästäkin? Jos voit selvittää päätöksentekoon vaikuttavat asiat alle viidessä minuutissa, kannattanee se tehdä heti.

Tehtävä 1

Ota työpöydältäsi tai saapuneiden kansiostasi kymmenen paperia ja käsittele niitä yllä olevien ohjeiden mukaisesti.
Montako papereista olit jo käsitellyt aiemmin?
Moniko päätyi keräyspaperin joukkoon?
Monenko vaatiman tehtävän sait tehtyä?

Sähköposti

Onko sähköposti kohdallasi työn helpottaja vai vaikeuttaja? Sähköposti oli aikoinaan mullistava keksintö ja toi monen elämään helpotusta. Nyt moni meistä tuskailee sähköpostinsa kanssa, koska se on päässyt ottamaan käskyttäjän ja johtajan roolin.

Jos annat sähköpostin sanella, milloin sitä luet tai jos annat sähköpostin sanella, mitä sieltä luet, olet todennäköisesti pulassa. Sähköpostin käyttö on onneksi helppo ottaa takaisin omaan hallintaan seuraavia periaatteita noudattamalla:

1) Sähköpostin lukeminen: Päätä itse, milloin luet sähköpostia ja pidä päätöksestä kiinni.

2) Sähköpostin käsittely: Ajattele sähköpostista kuten se olisi paperipostia ja käsittele sähköpostia, kuten käsittelisit tai olet ennen muinoin käsitellyt paperipostia.

3) Sähköpostin kirjoittaminen: Kirjoita hyvin otsikoituja, lyhyitä ja ytimekkäitä viestejä ja käytä välillä puhelinta.

1) Sähköpostin lukeminen

Älä anna sähköpostiohjelmasi päättää, milloin sinun on aika lukea postejasi. Paperipostin joukosta kirjekuorilla ei ole mitään syytä huudella sinulle ja lähetellä *Uusi viesti saapunut* –ilmoituksia. Sähköpostinkaan ei tarvitse toimia näin. Sulje siis saapuneista viesteistä ilmoittavat ikonit, äänet tai muut viestit.

Sähköposti kehitettiin, jotta viestin kulku olisi nopeaa ja helppoa. Toinen sähköpostin arkea helpottavaksi ajateltu ominaisuus oli, että viestin saaja voisi itse valita, milloin viestin lukee antamatta viestinnän häiritä työtään, yöuniaan tai vapaa-aikaansa.

Sähköpostien määrä on lisääntynyt huimasti, ja monet kiireelliset ja tärkeätkin viestit häviävät muiden viestien joukkoon. Viestejä liikkuu jo niin paljon, että kiireellisten viestien kohdalla lähettäjän olisi useimmiten syytä harkita soittamista sähköpostin lähettämisen asemesta.

Sinä voit itse päättää, milloin sähköpostiasi luet. Jos availet postejasi pitkin päivää, kulutat todennäköisesti aikaasi tekemällä saman asian moneen kertaan ja antamalla sähköpostin keskeyttää meneillään olevat työsi ja ajatuksesi. Suositeltavaa on järjestää itselleen muutamia sähköpostihetkiä päivän aikana. Nämä voivat olla aina samaan aikaan tai vaihdella päivän rakenteen mukaisesti työnkuvastasi riippuen. Jos työpäiväsi on yhdeksästä viiteen, voit esimerkiksi lukea sähköpostit klo 10, klo 13 ja klo 16.45.

Ensimmäisen sähköpostihetkesi tulisi olla vasta sen jälkeen, kun olet tehnyt päivän tärkeimmän työsi. Tämän työn suorittamisesta saat hyvän mielen ja enemmän energiaa loppupäivän tehtävien tekemistä varten. Älä siis avaa sähköpostiohjelmaa ensimmäisenä aamulla työpisteelle saavuttuasi, sillä saapuneiden kansiosta ajatuksiisi ja tehtävälistalle tulee vain lisää tehtäviä suoritettavaksesi.

Tärkeää on myös, että et palaa samaan viestiin yhä uudelleen ja uudelleen. Eniten aikaa ja hermojasi säästät, kun et edes avaa viestiä ennen kuin tiedät, että sinulla on oikeasti mahdollisuus tehdä viestin vaatimia toimenpiteitä.

Saapunut posti saapuneiden kansiossa

Saapuneiden kansio on useimmille suurin murheiden aiheuttaja. Riippumatta siitä, onko viestien määrää rajoitettu vai ei, ei useimmiten ole kannattavaa säilyttää saapuneiden kansiossa kovin paljon viestejä.

Saapuneiden kansioon kannattaa suhtautua kuten pihan toisella laidalla sijaitsevaan paperipostin postilaatikkoon. Veisitkö avatut kirjeet tai luetut lehdet takaisin postilaatikkoon? Todennäköisemmin siirtäisit ne johonkin muualle, kuten paperinkeräykseen tai vaikkapa laskut maksettavien laskujen pinoon. Kokeile samaa ajatusmallia sähköposteillesi.

Ihannetilanne useimmiten on, että saapuneet viestit mahtuvat tietokoneen ruudulle. Jollekin sopii parhaiten, että viestit ovat kaikki yhdessä kansiossa. Silloinkaan saapuneiden kansiota ei kannata käyttää tehtävälistana, vaan tekemistä vaativat asiat on syytä siirtää joko sähköpostin ulkopuolella sijaitsevalle listalle tai omaan kansioonsa sähköpostiohjelmassa.

2) Sähköpostin käsittely

Voit toimia sähköpostihetkinä kahdella tavalla. Voit varata näihin hetkiin riittävästi aikaa, vaikkapa puoli tuntia, jotta ehdit oikeasti reagoimaankin viesteihin ja tekemään niiden vaatimia toimenpiteitä. Voit myös opetella lukemaan viestit pikaisesti. Voit deletoida ja delegoida osan sekä reagoida nopeasti osaan viesteistä ja tallentaa pidemmän ajan tekemistä vaativat viestit tehtäväkansioosi tai tehtävälistallesi.

Jos tallennat tehtävät suoraan tehtävälistallesi, mieti mitä teet viesteille. Voitko tuhota ne, vai tarvitseeko sinun säilyttää niitä? Jos sinun tarvitsee säilyttää viesti, kuuluuko se arkistoon vai onko sinulla esimerkiksi tehtävälistasi tueksi samanniminen kansio, johon voit tallentaa viestin. Tärkeintä on, että jo luetut viestit eivät jää saapuneiden kansioon yhä uudelleen ja uudelleen luettaviksi.

Kuvittele seuraava tilanne ja kaikki sen aiheuttama hukkaan mennyt aika, jona olisit voinut tehdä jotain muuta tuottavaa tai vaikkapa vain rentoutua.

"Istut bussissa tai auton ratissa. Naputtelet älypuhelimestasi auki kaikki saapuneet viestit ja lukaiset ne kertaalleen läpi. Et kuitenkaan voi tehdä niille ja niiden vaatimille toimenpiteille mitään. Et voi soittaa puhelua, koska tarvitset sitä varten tietoa, jota sinun pitäisi etsiä paperipinosta työpöydältäsi. Et voi arvioida raporttia, koska tiedosto sijaitsee tietokoneesi kovalevyllä, etkä voi juuri nyt avata tietokonettasi. Et voi vastata viestiin, koska puhelimesi akku on lopussa tai autoa ajaessa se ei olisi kovin järkevää. Silti avasit ja luit kaikki viestit, vaikka todennäköisesti tiesit, että et voi tehdä niille juuri mitään.

Kun palaat työpisteellesi, avaat uudet saapuneet viestit sekä toiseen kertaan kaikki ne viestit jotka juuri äsken bussissa tai autossa luit.

Koska viestejä on enemmän kuin muutama, et tarkkaan muista, mitä viesteissä oli, joten joudut lukemaan ne kaikki uudelleen läpi. Edelleenkään et voi reagoida kaikkiin viesteihin, joten jätät ne edelleen sähköpostikansioon. Merkitset ehkä osan lukemattomiksi viesteiksi. Niiden pariin palaaminen kuitenkin viivästyy, koska tiedostat, että ne eivät olekaan kovin akuutteja, koska et toiminut välittömästi jo ensimmäisellä lukukerralla.

Seuraavalla viikolla näistä viesteistä osa osuu eteesi ja joudut jälleen lukemaan ne kokonaan, koska et enää muista laisinkaan, mitä viestit koskivat. Osa viesteistä on muuttunut todella akuuteiksi tai jopa ylittänyt deadlinen."

Sähköposti kuluttaa meidän aikaamme, jos joudumme palaamaan samaan viestiin monta kertaa. Kokeile ottaa tavaksi *KVK - Käsittele vain kerran* -sääntö. Voita uteliaisuutesi ja hillitse itsesi, äläkä avaa viestiä, jos tiedät, että et voi siihen reagoida. Kun lopulta avaat viestin, tee sille jotakin.

Muut kansiot

Jos olet luonut papereillesi, tiedostoillesi ja tekemättömille tehtävillesi jonkin systeemin, kannattaa sähköpostin kanssa miettiä, sopisiko sama järjestelmä siihenkin.

Sinulla voi olla vaikkapa kansiot *@Työn alla*, *@Odottavat*, *@Meilattavat*, *@Soitettavat*, *@Tilaukset* tai eri projekteille omat kansionsa. Vaihtoehtoja on monia, itse tiedät parhaiten, mikä sopii sinulle. Jos nimeät kansion siten, että sen edessä on @-merkki, sijaitsee tämä kansio ensimmäisenä kansioidesi listalla ja sinun on helppo löytää se.

Sinun kannattaa pysähtyä hetkeksi miettimään, miten ja mihin tarkoitukseen käytät sähköpostiohjelmaasi. Mitkä ovat niitä kohtia tai hetkiä, jolloin käyttö ei suju jouhevasti? Kaikki ärsytyksen kohteet kannattaa pyrkiä analysoimaan ja muuttamaan toimivammiksi.

Kansiorakenne ja kansioiden määrä riippuvat myös käyttämästäsi sähköpostiohjelmasta ja sen hakutoimintojen laadusta. Jos hakutoiminnot ovat hyvät ja niiden käyttö on sinulle luontevaa, voi olla, että *Saapuneiden* kansion lisäksi et tarvitse muuta kuin *Arkiston* ja *Työn alla* olevien kansion.

Joissakin ohjelmissa työn alla olevat viestit voi merkitä eri tavoin. Tätä tapaa voit hyvin käyttää, jos merkityt viestit löytyvät helposti ja voit nähdä ne kootusti yhdessä paikassa. Tärkeintä on, että saat tehtävät tehdyiksi, etkä joudu turhaan palaamaan näihin viesteihin ilman, että olet valmis niille jotain tekemään.

Jos sinulla on merkittynä sähköpostiohjelmassa sijaitsevalle tehtävälistalle paljon erilaisia viestejä, joiden joukosta sopivan tehtävän etsimiseen kuluu paljon aikaa, kannattaa miettiä erillisiä kansioita, joista löydät helposti aina tilanteeseen sopivat tai kiireellisimmät tehtävät.

Jos sähköpostiohjelmasi ei osaa etsiä viestiä kuin juuri siitä kansiosta, joka sinulla on avoinna, voi olla, että yhden kansion arkisto on kätevin, mikäli hakutoimintojen käyttäminen on sinulle luontevaa. Jos hakutoiminnot tuntuvat vieraammilta, etkä jostain syystä halua tai voi niiden käyttöä soveltaa sähköpostiohjelmassasi, kannattaa sinun luoda selkeä kansiojärjestelmä, josta viestit tarvittaessa löytyvät loogisesti. Kansioita luotaessa kannattaa useimmiten miettiä käyttöä ja etsimistä enemmän kuin tallentamista. Älä siis mieti, mihin tallentaisit viestin, vaan mieti sen sijaan, mistä kansiosta myöhemmin etsisit viestiä.

Viisi vaihtoehtoa viestin käsittelyyn

1) Voit poistaa viestin, jos se on roskapostia tai vain tiedoksesi ja luettuasi tiedät, että sinun ei tarvitse siihen enää palata.

2) Voit delegoida viestin eteenpäin ja joko poistaa sen tai siirtää sen *@Odottavat* -kansioon, josta voit sen myöhemmin poistaa, kun tiedät, että delegointi on onnistunut.

3) Jos viesti vaatii reagoimista, jonka voit tehdä alle kahdessa minuutissa, reagoi viestiin välittömästi.

4) Jos viesti vaatii reagoimista, jota et juuri nyt voi tai halua tehdä, siirrä viesti *@Työn alla* –kansioon tai vastaavaan kansioon tai siirrä toimenpide tehtävälistaasi ja viesti johonkin kansioon, kuten *@Tarkistettavat*.

5) Jos epäilet, että sinun tarvitsee vielä palata viestiin, siirrä viesti kansioon, josta tiedät sen myöhemmin löytäväsi.

Sähköpostin raivaus

Ennen kuin otat käyttöön uusia tapoja käsitellä sähköpostia, kannattaa sinun raivata sähköpostisi. Poista kansioista vanhentuneet viestit, siirrä *Saapuneet* -kansiosta viestejä sopivampiin kansioihin ja tee välittömästi ne viestien vaatimat toimenpiteet, joihin aikaa kuluu alle kaksi minuuttia.

Jos olet ajautunut tilanteeseen, jossa *Saapuneiden* kansiossasi on satoja tai tuhansia viestejä ja niiden läpikäymiseen kuluisi suunnattomasti aikaa, voit edetä kiertotietä. Luo kansio, jonka nimeät vaikkapa *Arkistoksi*, *Vanhaksi saapuneiden kansioiksi*, *Saapuneet2*-kansioksi tms. Siirrä kaikki viestisi tuohon kansioon ja aloita uusi elämä tyhjän *Saapuneet* -kansion kanssa. Nyt tiedät, että vanhat viestisi ovat tallessa, mutta ne eivät tuki saapuneen postin kansiota. Tiedät myös, mistä etsiä niitä tarvittaessa.

Jos vanhojen viestien joukossa on tehtävälistallesi kuuluvia viestejä, siirrä ne talteen *@Työn alla* -kansioon, johonkin muuhun oman käyttölogiikkasi mukaiseen kansioon tai tehtävälistallesi. Näin ne eivät hautaudu muiden viestien joukkoon. Tätä tehdessäsi huomaat samalla, paljonko sinulla on viestejä, jotka vaativat toimenpiteitä.

Samalla voit saada oppimiskokemuksen myös siitä, mitä kaikkea säilyttämästäsi viesteistä todellisuudessa tarvitset. Kun eteesi tulee tilanne, että etsit jonkin vanhan viestin, joka on käytön kannalta väärässä kansiossa, älä jätä sitä enää tuohon kansioon, vaan joko tuhoa se tai siirrä se jonnekin sopivampaa kansioon, josta se on helpommin löydettävissä.

3) Sähköpostin kirjoittaminen

Sähköpostin sujuvasta käytöstä puhuttaessa täytyy muistaa myös lähettäjän vastuu. Lähettäjän käyttäytymisellä ja valinnoilla on suuri merkitys vastaanottajien sähköpostikaaoksen syntyyn ja sitä kautta lähettäjän itsensä saaman paluupostin laatuun ja määrään.

Lähettäjän tulisi muistaa pohtia viestin lähettämisen tarkoitusta eli kysyä itseltään seuraavat kysymykset:

1) Onko viesti *tarpeen* lähettää, vai pääsevätkö kaikki osapuolet helpommalla, jos asia selvitetään puhelimessa tai kasvotusten? Puheen avulla asioita kannattaa hoitaa, mikäli viestiketjusta tulisi pitkä, viestissä on vaikea selittää asiaa tai mikäli viestin lukeminen ilman äänenpainoja ja ilmeitä tai eleitä saattaa aiheuttaa väärinkäsityksiä tai mielen pahoittamista.

2) *Keille* viesti on oikeasti suunnattu? Viestissä ei kannattaisi käyttää kopio eli cc-kenttää, vaan kaikki vastaanottajat tulisi voida laittaa vastaanottajat kenttään. Jos viesti on kopio, on se useimmissa tapauksissa kopioviestin vastaanottajalle turha.

3) *Mitä* viesti sisältää ja mitä viesti vaatii vastaanottajalta? Onko viesti tiedoksi, luettavaksi, toimenpiteitä varten, kommentoitavaksi, arkistoitavaksi, muutos aikatauluun tai jotain muuta? Otsikkokenttä on viestin tärkein osa. Vastaanottajalta vaadittavien toimenpiteiden tulisi näkyä jo otsikkokentässä, jotta vastaanottaja osaa suhtautua asiaan oikein. *Otsikon perusteella* vastaanottaja avaa tai jopa poistaa viestin lukematta. Jos sama viesti vaatii eri vastaanottajilta eri toimenpiteitä, mieti viestin lähettämistä heille kullekin erikseen eri tavoin otsikoituna. Organisaatiossa voi sopia yhteisistä pelisäännöistä ja koodistoista erityyppisille viesteille.

4) *Kuinka pitkä* viesti on syytä kirjoittaa? Jos viestistä on tulossa yli viiden virkkeen pituinen, eikä kyseessä ole kuulumisten kertominen eli kirje, kannattaa miettiä olisiko jokin muu viestintätapa parempi. Yleensä asian kuin asian voi esittää viidellä virkkeellä. Sähköpostin kanssa liialliset täytelauseet, kohteliaisuusfraasit tai säätietojen päivittely ei yleensä ole tarkoituksenmukaista, sillä vastaanottaja

haluaa useimmiten poimia viestistä tiedon mahdollisimman helposti ja nopeasti. Lyhyiden viestien kanssa kannattaa kuitenkin muistaa myös kulttuurierot viestien laadussa ja pituudessa. Voit myös mainita erikseen yhteistyötahoillesi, että aiot siirtyä lyhyiden ja tehokkaiden viestien käyttäjäksi.

Sähköposti pähkinänkuoressa

1. Päätä itse, milloin sähköpostisi luet. Pidä tehokkaita sähköpostihetkiä.
2. Lue sähköpostisi aamulla vasta ensimmäisen tärkeän tehtävän suorittamisen jälkeen.
3. Pidä saapuneiden kansio mahdollisimman tyhjänä.
4. Avaa viesti vain kerran saapuneiden kansiossa, ja sen jälkeen tee sen vaatimat toimenpiteet: Deletoi, delegoi, reagoi tai arkistoi
5. Mieti viestin lähettämisen tarvetta, voisitko välillä soittaa tai nähdä kasvotusten.
6. Tee selkeä ja lyhyt viesti, jonka otsikoit vastaanottajaa ohjeistaen.
7. Mieti kenelle lähetät.

Tehtävä 1

Käy viiden minuutin aikana sähköpostejasi läpi ajatuksenasi, että mihinkään viestiin ei tarvitse palata uudelleen ainakaan saapuneet kansiossa. Deletoi, delegoi, toimi tai siirrä viesti sopivaan kansioon. Hillitse itsesi niiden viestien kohdalla, joiden kohdalla tiedät, että et voi viiden minuutin aikana edetä.

Keskeytykset

Tunti keskeytymätöntä työtä vastaa neljää tuntia keskeytysten pilkkomaa työtä. Tämä lienee yksi syy siihen, että moni kokee etäpäivänä kotona saavansa aikaan paljon enemmän kuin työpaikalla. Nurinkurinen tilanne, mutta varsinkin avokonttorien aikana harmillisen todellinen. Kun ajatustyöntekijän työnteko ja siten ajatukset keskeytyvät, voi takaisin intensiiviseen työtehoon ja flow-tilaan pääsemiseen kulua jopa yli kaksikymmentä minuuttia.

Toimistotyöntekijän työajasta keskeytykset vievät jopa kolmanneksen. Mikä meidän työrauhaamme keskeyttää? Keskeyttäjät voidaan jakaa kolmeen luokkaan:

1) Omat ajatukset
2) Ihmiset eli työtoverit ja asiakkaat
3) Työvälineet ja tekniikka, etenkin toimimattomat tai kadoksissa olevat välineet sekä sähköposti ja puhelin

1) Omat ajatukset

Omat ajatukset töidemme keskeyttäjinä ovat suuremmassa roolissa kuin arvaammekaan. Ne ovat syynä lähes puoleen työmme keskeytymisestä. Toisinaan keskeyttävistä ajatuksista on hyötyä, kun vaikkapa muistamme soittaa jonkin tärkeän puhelun tai saamme jonkin uuden idean. Useimmiten keskeyttävä ajatus on kuitenkin sellainen, joka on pelkästään haitallinen juuri sen hetkisen työnteon kannalta. Omia ajatuksiamme emme kuitenkaan aina osaa pitää työmme keskeyttäjinä, vaikka niiden vaikutus työtehoon on yhtä suuri kuin minkä tahansa muunkin keskeyttäjän vaikutus.

Jos mieleesi tulee jokin asia, joka pitäisi hoitaa, on syytä kirjata se tehtävälistalle, jotta se ei häiritse ajatuksiasi enempää. Omia ajatuksiaan voi hallita. Voit päättää tehdä tiettyyn projektiin liittyviä asioita tiettynä hetkenä ja sanoa muille mieleen tuleville asioille ei. Ajatusten hallinnassa voit käyttää apuna myös kelloa, jonka laitat soimaan tietyn ajan päästä. Fyysisesti rajattu aika tietylle asialle auttaa usein ajatusten keskittämisessä.

Jos ajatukset tuntuvat harhailevan, käytä muutama minuutti niiden kirjoittamiseen muistilistalle, jotta saat ne pois mielestäsi. Jos tiedät, että olet levottomuuteen taipuvainen ja ajatuksesi harhailevat helposti, saattaa niiden koossa pysymistä auttaa fyysinen liike. Jos olet neurologialtasi säntäilevää tyyppiä, keskittymistä auttaa usein jokin fyysinen liike, joka saa hermoston aivojen osalta rauhallisemmaksi. Tästä esimerkkinä toimivat juoksu, kävely ja sormien tai jalkojen heiluttelu.

2) Muut ihmiset

Suurimpana keskeytysten aiheuttajana pidetään yleensä työyhteisöä eli kollegoita. Kollegoiden ja ulkopuolisten ihmisten aiheuttamat keskeytykset koetaan myös useimmiten häiritsevimmiksi ja eniten aikaa vieviksi keskeytyksiksi. Kollegan kanssa keskustelusta on useimmiten myös hyötyä ja siksi sille ei osata tai haluta sanoa ei. Kollegan kanssa käytävät hyödylliset keskustelut ovat kuitenkin vähentyneet niillä työpaikoilla, joissa keskeytyskulttuuri on voimakasta. Tällöin työntekijä pyrkii minimoimaan keskeytysten haittoja pitämällä jokaisen keskeyttävän keskustelun mahdollisimman lyhyenä. Näin hyödylliset syvällisemmät keskustelut jäävät usein syntymättä.

Työyhteisössä tulisi olla säännöt keskeyttämiskulttuuriin liittyen. Jokaisella työntekijällä tulisi olla oikeus ja mahdollisuus tehdä työnkuvansa mukaista työtä keskeytyksettä ja intensiivisesti vähintään tunti päivässä. Tämän voi järjestää monella tapaa. Lähtökohtana voi pitää ajatusta, että kollegat ovat voimavara, jonka käytön tulisi olla positiivista koko työyhteisön kannalta.

Yksi vaihtoehto on pitää koko työyhteisössä päivittäin tunnin mittainen jakso, jolloin muita työntekijöitä ei saa keskeyttää. Toinen vaihtoehto on, että jollakin yhdessä sovitulla merkillä, kuten liikennevaloilla, työntekijä voi ilmoittaa tekevänsä keskittymistä vaativaa työtä, jolloin häntä ei saa häiritä. Liikennevaloihin on tärkeää yhdistää myös aikamääre. Kun työtä tekevä ilmoittaa muille, milloin hän on taas muiden käytettävissä, on kollegoiden helpompi palata myöhemmin asiaan. Tämä opettaa myös etenkin turhaan muita häiritseviä pohtimaan, onko kollegan työn keskeyttämiseen todellinen tarve.

Avokonttorissa

Avokonttorit ovat osalle ihmisistä hyvin vaikeita ja stressaavia paikkoja tehdä työtä. Työnantajan tulisi ymmärtää ihmisten erityispiirteitä ja keskittymiskyvyn erilaisuutta. Tapoja vähentää keskeytyksiä avokonttorissa on monia. Kuulokkeiden käyttäminen meluherkille voi olla paras ratkaisu. Osa käyttää kuulokkeita vinkkinä muille oman työrauhan toiveesta. Joitakin häiritsevät myös erilaiset näköärsykkeet, joten työpisteen pitäisi silloin sijaita paikassa, missä saa katsomissuunnan, jossa ei ole jatkuvasti liikehdintää.

Työyhteisön yhteiset säännöt ovat tärkeitä, mutta jos et onnistu vaikuttamaan niihin, voit aloittaa tekemällä itse muutoksia. Voit ilmoittaa toisille niistä hetkistä, jolloin sinua ei saa häiritä sekä huolehtia jämäkästi, että työrauhasi toteutuu.

Puhelimen aiheuttamat keskeytykset

Monesti keskeyttäjä on esimerkiksi asiakas tai muu sidosryhmän edustaja puhelimessa. Luonnollisestikaan ei ole kannattavaa lyödä luuria korvaan asiakkaalle tai vastata ja sanoa, että ei nyt. Mahdollisesti voit tiettyinä aikoina jättää vastaamatta puhelimeen, elleivät asiakassuhteesi tai muut suhteesi kärsi vastaamattomuudesta. Toki sinun on hyvä soittaa takaisin, heti kun olet siihen valmis.

Puhelimeen suhtautuminen keskeyttäjänä on haasteellista. Puhelin on toisinaan sama kuin asiakas, jonka täytyy antaa keskeyttää työnteko, jotta saadaan lisää tilauksia. Toisaalta puhelin on työväline, jonka voi laittaa myös äänettömälle tai jopa kiinni. Puhelimen käytön periaatteet ovat monella työpaikalla hämärtyneet. Niitä kannattaa käydä läpi syvällisemmin, jotta vastaamisen ja soittamisen käytännöistä tulee kaikkia yksilöitä sekä viiteryhmiä hyödyttävää.

Milloin puhelimeen täytyy vastata? Milloin vastaajaan jätetään viesti? Soitetaanko vastaamattoman puhelun numeroon takaisin vai odotetaanko, että soittaja soittaa uudelleen? Voiko puhelinta pitää kiinni tai äänettömällä tunnin, vaikka olisi palaverissa vain itsensä kanssa? Näitä kysymyksiä on hyvä miettiä koko työyhteisönkin tasolla.

Kaiken kaikkiaan puhelinta käytetään soittamiseen nykyään liian harvoin. Ehkä kyse on keskeytysten pelosta tai yksinkertaisesti digitaaliseen maailmaan valumisesta. Joka tapauksessa puhelinta kannattaisi käyttää asioiden hoitamiseen enemmän, koska puhelimitse asioita hoidettaessa yleensä säästyy aikaa ja asiat tulevat varmemmin oikein ymmärretyiksi. Soittajan tulisi luottaa siihen, että vastaanottaja ei vastaa, jos puhelu keskeyttää hänet todella pahasti. Vastaanottajan tulisi luottaa siihen, että soittaja jättää viestin vastaajaan, mikäli asia on kiireellinen ja tärkeä. Vastaajaakin kannattaisi käyttää enemmän.

Aikaa kuluu monesti turhaan myös vastaamattomien puheluiden soittajien henkilöllisyyden tai asian selvittelyyn ja arvailuun. Siinä tapauksessa kannattaa olla armollinen itselleen ja ajatella puhelinta vanhanaikaisena lankapuhelimena. Myös soittajan kannatta toisinaan ajatella vastaanottajan käyttävän puhelinta kuten lankapuhelinta ja soittaa uudelleen myöhemmin. Vastaajaan viestien jättäminen on aina järkevä vaihtoehto.

Toimistoturistit

Toimistoturistit ovat kollegoita, jotka pistäytyvät keskustelemassa kaikesta mahdollisesta, eivätkä poistu, ellei heille huomauteta asiasta suoraan. Meidän on hyvin vaikea sanoa: *"Ei."* Pelkäämme loukkaavamme muita. Ei-sanan käyttämistä kannattaa harjoitella etenkin keskeyttäjiä kohdellessaan. Monesti toimistoturisti ei ajattele häiritsevänsä toista, koska pitää keskustelutuokiota mukavana ajanvietteenä tai tärkeänä palaverina.

Voit sanoa monella tavalla ei. Jos sanot pelkästään: *"Ei nyt!"*, saattaa viestisi mennä tehokkaimmin perille, mutta saatat loukata keskeyttäjää. Itse osaat parhaiten arvioida, voitko toimia näin. Voit perustella itsellesi oikeutesi sanoa ei yksinkertaisesti sillä, että niin sinulla kuin keskeyttäjälläkin on oikeus ja velvollisuus tehdä tuottavaa työtä. Keskeyttäjä on usein häiritsemässä muita, koska ei itse osaa tarttua oikeisiin töihin omien työtapojen puutteellisuuden vuoksi.

Monesti on parempi sanoa työrauhaa häiritsevälle kollegalle hieman pehmeämmin: "Hei, minä tarvitsen nyt täydellisen keskittymisrauhan, olisitko ystävällinen ja palaisit asiaan myöhemmin. Laitan sinulle vaikka viestiä, kun olen vapaana." Olennaista on, että keskeytät keskeyttäjän mahdollisimman pian, jotta voit päästä jatkossa tilanteeseen, että keskeytystä ei tule lainkaan.

Toisinaan puhelimen toisessa päässä on toimistoturistin tavoin käyttäytyvä kollega tai asiakas. Jos vastaat puhelimeen syystä tai toisesta, vaikka se keskeyttää työsi, kannattaa olla jämäkkä ja hoitaa puhelu mahdollisimman nopeasti. Puhelimen toisessa päässä oleva henkilö saattaa haluta keskustella tai kertoa kaikkea mahdollista säästä ja muista työn hoitamisen kannalta epäolennaisista asioista. Tällöin voit käyttää seuraavaa menetelmää. Vastaa puhelimeen, mutta ennen kuin vastapuoli pääsee vauhtiin, sano että olet juuri lähdössä kokoukseen, asiakas odottaa ovella tai olet keskellä tärkeää raportointia ja että vastapuolella on minuutti tai kaksi minuuttia aikaa esittää asiansa tai muutoin voitte palata asiaan vaikkapa klo 15.

Kun annat päätösvallan soittajalle, se aikaansaa yleensä joko sen, että jaarittelija kykeneekin kertomaan lyhyen asiansa minuutissa ja asia saadaan hoidettua tai hän sanoo suosiolla, että on parempi palata asiaan klo 15. Kenenkään mieltä ei näin tarvitse pahoittaa. Sinun on kuitenkin pidettävä kiinni antamastasi aikarajoitteesta ja vaikka keskeytettävä puhelu. Ensi kerralla soittaja tietää varautua ja puhelu sujuu mallikkaasti.

Tätä keinoa voit toki käyttää myös, jos sinulla on oma työhuone, jossa toimistoturistit pistäytyvät vähän väliä. Jos et voi sulkea oveasi ja ilmoittaa, milloin sinua saa taas häiritä, voit toimistoturistin saapuessa napata takkisi ja lähteä ulos huoneesta kuten olisit kiireellä menossa jonnekin ja kehottaa häntä kertomaan asiansa minuutissa tai palaamaan myöhemmin uudelleen. Toki parempi on sanoa suoraan, että tarvitsisit työrauhaa.

3) Työvälineet

Toimimattomat tai hukassa olevat työvälineet keskeyttävät toisinaan hyvin sujunutta työtä. Toimimaton printteri kannattaa hoitaa kuntoon välittömästi ja väärässä paikassa oleva rei'itin siirtää sopivampaan paikkaan, jotta keskeytyksestä ei tule jatkuvaa.

Uusien teknisten ja elektronisten apuvälineiden tai ohjelmistojen käyttöön kannattaa perehtyä riittävästi, jotta ne ajan säästämisen ja toiminnan helpottamisen sijaan eivät vie ylimääräistä aikaa tai tunnu työtä haittaavan työntekoa.

Joillakin työpaikoilla on siirrytty käyttämään erilaisia pikakeskustelutoimintoja, jolloin sähköposti saatetaan saada kuriin, mutta keskeytykset siirtyvät Chat-toimintoihin. Chatin käyttäjä olettaa yleensä saavansa vastauksen välittömästi, eikä voi tietää, onko toisella osapuolella jokin tärkeä ajattelua vaativa työ kesken. Chat-toiminnot ovat monesti hyvä ratkaisu, mutta työntekijällä pitäisi olla oikeus ja mahdollisuus kytkeä vähintään tunniksi päivässä tuo toiminto pois päältä, jotta hän voi keskittyä tekemään päivän tärkeimpiä töitään.

Luvussa *Sähköposti* puhutaan enemmän sähköpostin aiheuttamien keskeytysten eliminoimisesta.

+) Välttämättömät keskeytykset

Joskus keskeytykset ovat jatkuvia, mutta aiheellisia. Kollegojen kanssa käytyjen hyödyllisten keskustelujen lisäksi saattaa keskeyttäjinä olla erilaisia toimistorutiineihin liittyviä keskeytyksiä, jotka on pakko tehdä, mutta joiden vaikutusta voitaisiin olennaisesti vähentää.

Otetaan esimerkiksi toimisto, jossa ovi toimistolle täytyy käydä fyysisesti avaamassa. Jos tämäntyyppiset keskeytykset, jotka ovat ratkaistavissa fyysisellä tasolla, haittaavat työntekoa tai aiheuttavat ärsytystä tai stressiä, kannattaa niihin miettiä vaihtoehtoisia ratkaisuja. Kyseisenlaisessa esimerkissä voi harkita summerilla toimivaa avausjärjestelmää, joka voi maksaa itsensä takaisin piankin työntekijän tehostuneen työnteon vuoksi. Toinen ratkaisu voi olla työpisteen uudelleen sijoittaminen siten, että oven avaaminen on helpompaa. Työntekijät voivat myös vaihdella päivittäin avaajavastuuta, jolloin ovikellon soiminen keskeyttää vain yhden työntekijän työn kerrallaan ja eri henkilöiden työtä vain tiettyinä päivinä viikossa.

Tätä vastuun jakamista voi käyttää kaikkien sellaisten keskeytysten hoitamiseen, jotka on pakko tehdä, mutta jotka kuormittavat yhtä ihmistä jokapäiväisinä tapahtuessaan liikaa. Näitä ovat esimerkiksi tietyn tyyppiset asiakaspuhelut.

Tehtävä 1

Mikä on sinun työsi pahin keskeyttäjä?
Mikä toimenpide sinun pitäisi tehdä päästäksesi pahimmasta keskeyttäjästä eroon?

Kokoukset

Kokoukset vievät monen toimistotyöntekijän työaikaa kohtuuttoman paljon. Ihannetilanne olisi, että koko työyhteisö voisi muuttaa kokouskulttuuriaan tehokkaaksi ja kenenkään aikaa tuhlaamattomaksi.

Koko työyhteisössä suositeltavia keinoja kokousten tehostamiseen ja samalla vähentämiseen ovat:

1) Kokousvapaat päivät
2) Pikakokoukset, seisomakokoukset, kävelykokoukset ja 45 minuutin kokoukset
3) Kokousten lajittelu päätös-, keskustelu- ja ideointikokouksiksi
4) Kokoukseen osallistujien täsmällisyys ja huolellinen valmistautuminen
5) Puheenjohtajan jämäkkä toiminta
6) Kokousagendojen ja -pöytäkirjojen jatkokäsittelyt
7) Päätösten toimeenpanijoiden selkeä kirjaaminen ja nimeäminen

Yksittäisen työntekijän vaikutusmahdollisuudet

Työpaikan kokouskulttuuri ja kokouskäytännöt ovat muokattavissa tehokkaiksi ja tuloksekkaiksi. Toisinaan koko työyhteisön kulttuurin muuttaminen vaatii hyvin suuria ponnisteluja. Mitä yksittäinen työntekijä voi tehdä omien kokoustensa määrän vähentämiseksi ja laadun parantamiseksi, jos työpaikan kulttuureihin ei voi vaikuttaa?

Jotta aikaa jäisi riittävästi myös muullekin työlle kuin kokouksissa istumiselle, kokeile seuraavia toimintatapoja.

1) Ole ajoissa, jotta ainakaan sinun takiasi kokous ei veny. Jos muut ovat jatkuvasti myöhässä, pidä kokouksessa kyseenalaistava puheenvuoro ajoissa olevien ja myöhästelijöiden ajankäytön saamasta arvostuksesta. Kumman ryhmän ajankäyttöä tulisi arvostaa aloittamalla kokous tiettyyn aikaan, ajoissa olevien vai myöhästelijöiden?

2) Ehdota kolmen vartin kokouksia, jotta kokouksen jälkeen jää aikaa tehdä kokouksen vaatimia toimenpiteitä ja/tai ehtiä seuraavaan kokoukseen ajoissa.

3) Ehdota tai vaadi kävelykokouksia etenkin muutaman hengen ideointikokousten ollessa kyseessä.

4) Ehdota, että kokoukset olisivat selkeästi joko päätöskokouksia, ideointikokouksia, keskustelukokouksia tai muita selkeästi tietynlaiseen kokouskäyttäytymiseen ja tiettyihin tavoitteisiin perustuvia kokouksia.

5) Seiso tai jaloittele kokouksen aikana. Käytä argumenttina istumisen haitallisuutta ja negatiivista vaikutusta terveyteen.

6) Ehdota, että kokouksessa ei olisi tarjolla syötävää eikä välttämättä edes kahvia, jonka hakemiseen ja kaateluun kuluu turhaa aikaa. Kahvittelu tekee kokouksesta usein myös kahvitaukomaisen juttelutuokion pikemminkin kuin jämäkän ja rivakasti etenevän tehokkaan kokouksen. Keskustelukokouksiin kahvittelu sopii paremmin. Tarjoiluja sisältävässä kokouksessa voi kokouksen alkamisajan merkitä kokouskutsuun ruokailuhetken jälkeen, jolloin syömistä tai rupatteluhetkeä kaipaamattomat voivat saapua paikalle myöhemmin.

7) Ole jämäkkä puheenvuoroissasi ja uskalla vaatia tätä myös muilta.

8) Valmistele oma osuutesi huolella ja uskalla vaatia tätä myös muilta. Vaadi kokoukseen selkeää agendaa etukäteen ja muistuta muita, että hekin tekevät kokousta varten vaaditut selvitykset ja muut työt, jotta kokous on lyhyempi, eikä sitä tarvitse pitää toistamiseen.

9) Jos koet istuvasi kokouksissa turhaan, kysy koollekutsujalta miksi sinun pitäisi osallistua? Jos hän ei osaa tätä perustella, älä osallistu kokoukseen.

10) Tiedustele mahdollisuutta osallistua virtuaalisesti ja tee samalla kuvayhteyden ulkopuolella esimerkiksi joitakin fyysisiä venyttely- tai jumppaliikkeitä kunnon kohentamiseksi.

Tehtävä 1

Valitse yllä olevista yksi kohta/kokous ja toimi sen mukaisesti. Onko vaikutusta omaan tai muiden kokouskäyttäytymiseen?

OSIO VI
LOPUKSI

Jälkisanat

Toivottavasti kirja antoi ajatuksia ja intoa muuttaa työympäristöstäsi ja työtavoistasi niitä kohtia, joiden kanssa olet joutunut kamppailemaan. Ehkä näet myös uusin silmin työnteon tapojasi, joiden et ollut edes arvannut vaikuttavan työtehokkuuteesi. Toivottavasti löysit mahdollisuutesi harpata askeleen edelle kiirettä ja kaaosta.

Iloitse jokaisesta edistysaskeleesta, kuinka pienestä tahansa.

Jos olet jo päässyt vauhtiin uusien tapojesi ja oman työpisteesi järjestämisen kanssa, voit onnitella itseäsi! Muista myös pitää järjestys yllä ja tehdä tarvittaessa uusia parannuksia. Voit aina päästä parempiin tuloksiin, mutta täydellisyyttä et koskaan voi saavuttaa. Tavoittele siis riittävän hyvää.

Jos olet vasta ryhtymässä konkreettisiin toimiin, pidä huoli jaksamisestasi. Muista olla sinnikäs ja kannusta sekä palkitse itseäsi! Luota omaan intuitioosi. Kun jokin tuntuu hyvältä toimintatavalta, pidä siitä kiinni. Jos tulokset ja tyytyväisyytesi parantuvat, olet oikealla tiellä.

Jos sait edes yhden uuden parannusidean omaan työhösi, mutta et vielä ole päässyt toteutusasteelle, kannustan kaikin voimin sinua kokeilemaan jotain pientä muutosta tapoihisi ja ympäristöösi. Pienikin askel voi viedä sinut pitkälle!

Ehkä et vielä tunne olevasi kykenevä muuttamaan mitään omassa työnteossasi, mutta olet todennäköisesti kuitenkin saanut uusia ajatuksia. Toiminnan siemenet itävät ajatuksissasi. Kun luet kirjan vielä toiseen kertaan muutaman kuukauden päästä, huomaat että ajatukset muuttuvat haluksi tehdä jotain, ja toteuttaminen on jo paljon lähempänä.

Kuulen mielelläni ajatuksiasi kirjasta ja omista kiireen, kaaoksen ja niiden hallinnan kokemuksistasi. Kommentteja ja kysymyksiä voit lähettää suoraan minulle sähköpostilla *elina.alasentie@minima.fi* tai voit osallistua keskusteluun Facebookin kautta (Elina Alasentie tai Askel edelle kiirettä ja kaaosta). Sähköpostitse lähetetyt kommentit jäävät vain minun tietooni.

Kiitokset

Haluan esittää nöyrimmät kiitokseni kirjan valmistumista helpottaneelle toimituskunnalleni ja sparraajilleni. Kiitos Arja, Jonna, Aino, Satu, Sinimaaria, Paula, Maija ja Elli.

Nauttien joka askeleesta kohti maalia,
Elina

Kirjailijasta

Elina Alasentie on *Professional Organizer* eli ammattijärjestäjä, joka kouluttaa ja auttaa toimistotyöntekijöitä kiireen ja kaaoksen selättämisessä. Elina on toiminut useiden vuosien ajan ennen ammattijärjestäjäksi kouluttautumistaan myös opettajana ja koulutukseltaan hän on FM, pääaineenaan ympäristötieteet.

Elinan henkilökohtaisena missiona on saada työnteon kulttuuriin aikaan suurta muutosta jokaiselle otettavissa olevin pienin, helpoin ja konkreettisin askelin. Nämä askelet toivottavasti parantavat työhyvinvointia ja edesauttavat työssä jaksamista sekä vaikuttavat myös muihin elämän osa-alueisiin positiivisesti.

Riittävyys, työrauha, työtehokkuus, työhyvinvointi, ympäristö ja koulumaailma yhdistyvät Elinan ajatuksissa, joista voit lukea lisää Elinan blogissa osoitteessa http://tamaainoaelama.blogspot.fi/.

Kirjallisuutta

Allen, David (2008): Kerralla valmista - opi tehokkaaksi ilman stressiä (Getting Things Done). Bazar kustannus oy, Norhaven DK.

Arden, John B. (2010): Rewire Your Brain: Think Your Way to a Better Life. John Wiley & Sons, Inc, Hoboken, USA.

Aslett, Don (2005): The Office Clutter Cure - Get organized, get results! Adams Media, CA.

Blanke, Gail (2009): Throw Out Fifty Things - Clear the Clutter, Find Your Life. Springboard Press, New York, USA.

Emmet, Rita (2006): Kaikki paikallaan. Rojun taltuttajan käsikirja. Helmi, Helsinki.

Gleeson, Kerry (2000): Toimi heti - Lopeta lykkääminen (The personal efficiency program: How to get organized to do more work on less time). WSOY, Helsinki.

Heppell, Michael (2011): How to Save an Hour Every Day. Pearson education limited, Harlow, UK.

Käyttäjälähtöiset tilat - uutta ajattelua tilojen suunnitteluun (2011). Tekesin julkaisu 12/2011, Helsinki.

Lampikoski, Timo (2009): Hidasta! Ajankäytön valinnat arjessa ja työssä. Ps-kustannus, Juva.

Morgenstern, Julie (2004): Organizing from the Inside Out. Owl Books, New York, USA.

Morgenstern, Julie (2005): Never Check E-mail in the Morning. Fireside, New York, USA.

Morgenstern, Julie (2009): SHED Your Stuff, Change Your Life. Fireside, New York, USA.

Naish, John (2008): Riittää jo - irti maailmasta, jossa kaikkea on ihan liikaa (Enough - Breaking free from the world of more). Atena kustannus Oy, Porvoo.

Salminen, Jari & Heiskanen, Pirita (2011): Taltuta kiire - Viisi askelta tehokkaaseen ajankäyttöön. Talentum, Helsinki.

Te Velde-Luoma, Anne (2011): Kaaoksen kesyttäjä - tavarat, paperit ja aika haltuun. BTJ Finland Oy, Helsinki.

Tracy, Brian (2007): Eat That Frog - 21 Great Ways to Stop Procrastinating and Get More Done in Less Time. Berrett-Koehler Publishers, Inc, San Francisco, USA.

www.ingramcontent.com/pod-product-compliance
Lightning Source LLC
Chambersburg PA
CBHW070734230426
43665CB00016B/2234